칼날 위의 삶

Life on a Knife's Edge

칼날 위의 삶
Life on a Knife's Edge

뇌종양 전문 신경외과 의사가
수술실에서 마주한 죽음과 희망의 간극

라훌 잔디얼 지음 · 정지호 옮김

시심

내 세 아들 자인, 카이, 로낙을 위해

일러두기

- 단행본은 《 》로, 단편 소설·영화·드라마는 〈 〉로 묶었다.
- 의료인·학자·작가의 이름은 원어를 병기했다.
- 본문에서 언급하는 매체의 제목은 국내에 출간·소개된 경우 번역된 제목을 따랐고, 국내에 소개되지 않은 경우 원어 제목을 우리말로 옮기고 원제를 병기했다.
- 본문에 수록된 인용문은 모두 옮긴이가 번역했다.
- 본문에 쓰인 의학용어는 대한예방의학회와 대한의사협회의 의학용어집, 의학계 논문의 표기를 참고해 표기했다.

머리말
나는 환자의 뇌에 칼을 대는 의사다

이 책을 쓰기 시작했을 때만 해도, 내 목표는 수술실의 푸른 장막을 걷어 올려 뇌를 수술하는 모습을 독자에게 생생하게 보여주는 것이었다. 나는 환자가 수술대에 누워 조명을 받고 뇌가 열릴 때 실제 어떤 일이 일어나는지 밝히려 했다. 환자가 마취에서 깨어난 후 달라진 생활을 받아들이고 그에 적응하는 과정에서 일어나는 일도 알려주려 했다.

결과적으로는 전혀 다른 책이 나왔다. 나를 가리고 있는 장막을 걷어 올려, 내 자신을 환자만큼 깊은 곳까지 적나라하게 노출하지 않는다면 수술에서 얻은 경험을 솔직하게 쓸 수 없겠다고 느꼈다. 나는 뇌종양 전문 외과 의사이자 이 분야 연구를 이끌어가는 신경생물학자로, 언젠가 과학 기술의 발전으로 내 수술 실력이 무용지물이 될 그날이 오기를 희망한다. 하지만 현재로서는 환자의 악성종양을 제거한다. 그것도 많이. 나는 수술 실력이 좋지만 일의 성격상 실패도 종종 한다.

지금까지 나는 몇천 명의 삶을 연장했다. 그동안 수술대에서 수도 없이 죽음의 허점을 공략했다. 환자가 자녀의 졸업식을 볼 수 있도록 그에게 삶을 몇 달 더 안겨주기도 했고, 피할 수도 있었을 끔찍한 고통을 환자에게 가하기도 했다. 내가 한 실수는 몇 년 간 귀신처럼 나를 따라다니며 괴롭혔다. 나는 생명을 구하는 결단을 여러 번 내렸다. 개중에는, 스스로는 자랑스럽게 여겼지만 직업윤리상 도를 넘어버려서 의사로서의 경력을 끝장낼 뻔한 결단을 내린 적도 있었다.

나 자신이 법 위에 있다고 생각한 적은 한 번도 없지만, 심각한 뇌 손상을 입은 환자를 치료할 때는 상상조차 할 수 없는 난해한 상황에 처하기도 한다. 때로 외과 의사와 환자는 타협을 해야 하거나, 어쩔 수 없이 끔찍한 선택에 직면해야 하는 상황을 맞는다.

외과 의사는 환자보다는 그 환자가 받을 수술에 관심이 더 많기로 유명하다. 하지만 나는 그런 식으로 수술을 한 적이 없다. 내게 수술은 인체 해부가 아니라 인간의 마음에 관한 탐구였다. 나는 수술이라는 기술의 덕을 많이 보았다. 수술은 나와 환자를 발가벗기고, 둘의 사활을 칼날 위에 올려놓는다. 수술은 외로운 상황이 될 수 있고, 쉬운 답은 거의 없다.

수술 중 당면하는 문제는 일생일대의 중대사이기 마련이다. 피부로 느끼고 머리로 아는 사안의 핵심으로 깊숙이 들어가 경이로운 인간의 마음을 들여다봐야 한다. 환자가 외과 의사에게 자기 몸을 열어 손대도 좋다고 허락하는 이상으로 이 둘은 어떤 깊은 관계를 맺고 있는 걸까? 게다가 내 전문인 신경외과 분야에서는 수술 중에 환자가 깨어 있기도 한다. 한 사람의 마음이 다른 사람의 마음속을 들여다보는 셈이다.

현재, 나는 사람의 몸에서 악성종양을 제거하는 외과 의사다. 40대인 지금까지 1만 5천 명 이상의 환자를 만났고 4천 건 이상의 수술을 진행했다. 수술은 우리 자신의 가장 인간적인 면모에 상처를 입힐 수 있지만, 우리의 인간성을 가장 깊이 있게 드러내기도 한다.

내가 환자와 함께했던 여정은 인간의 나약함, 용기, 아름다움이 어우러진 상급자 코스였다. 그리고 그 고통을 치료하려고 내 자신의 고통을 전면에 내세워야 했다. 그동안 내가 환자와 함께 겪었던 윤리 문제와 갈등에 대처한 여정을 이 책에 담았다.

나는 이 책에서 내 삶과 일의 깊은 골짜기에서 건져 올린 교훈과 통찰, 그리고 우리의 탁월한 뇌와 귀중한 생명에 관해 환자들이 가르쳐준 모든 이야기를 나누고자 한다. 나는 이들에게 영원히 빚을 졌다. 지금까지 내가 배운 것을 이 책을 통해 여러분과 나누어보련다.

차례

1

트라우마

몸과 마음에 숨은 상처

몸이 흔들리기 시작했다. 처음에는 지진인 줄 알았지만, 실은 헬리콥터가 옥상에 착륙하면서 생긴 진동이었다. 이건 당시 외과 인턴이었던 내가 60초 안에 외상 소생실^{trauma bay}(영어에서 trauma는 신체적·정신적 외상 모두를 포함한다. 이 책에서는 정신적 외상은 '트라우마'로, 신체적 외상은 '외상'으로 표기한다—옮긴이)의 지정 위치로 가 있어야 한다는 뜻이었다. 한 여성이 빗나간 총탄에 맞아 '현장'에서 헬리콥터로 옮겨졌다. 이송 침대가 병원 문을 박차고 들어왔을 때 환자의 혈압은 곤두박질쳤다. 모니터로 보이는 맥박 수도 급격히 떨어지고 있어, 환자의 죽음이 임박했음을 말해주었다. 담당 외과 의사가 이 환자의 왼쪽 네 번째와 다섯 번째 갈비뼈 사이를 메스로 가르더니 나에게 이 환자의 심장을 마사지하라고 지시했다. 나는 왼손을 두 갈비뼈 사이에 가까스로 끼워 넣었다. 살짝 열린 창문 틈으로 손이 비집고 들어간 모양새였다. 손목 정도까지 넣으니 팽팽하게 늘어난 갈비뼈가 내 손목 위에 얹히는 게 느껴졌다. 이어서 미끄러운 심장 밑부분을 움켜쥐려고 손을 돌리니 갈비뼈가 내 손을 받아들이며 부러졌다.

수술실로 가려면 긴 복도를 쭉 달려야 했는데, 나는 환자의 심장을 계속 쥐고 있어야 했기에 이송 침대 위에 올라탔다. 침대를 옮기는 동료들이 빠르게 뛰면서 여러 번 방향을 홱 틀었기 때문에, 나는 쥐고 있는 심장을 놓치지 않으려 이송 침대 위에 아예 엎드려야 했다. 팔뚝에 이 환자의 따뜻한 피가 느껴졌다. 심장을 쥐었다 놓았다 하며 환자의 심장을 마사지하고 있으니 손 근육에 쥐가 났다. 개흉식 심장 마사지는 환자가 혈액의 절반 이상을 소실해서 심장이 펌프질을 하지 못할 때, 즉 심장 안에 들어가는 혈액 양이 너무 적어 심장이 약하게 퍼덕거리기만 할 때 시행하는 외과 조치로, 꽤 드문 편이다.

수술실에 도착하니 외과 의사 두 명이 대기하고 있었다. 한마디 말도 없이 한 외과 의사가 팔꿈치로 환자에게서 나를 밀쳐냈다. 나는 뒷걸음질 쳤고, 내 손은 쥐고 있던 심장을 놓으며 환자에게서 빠져나왔다. 그 의사가 의도한 대로였다. 이어서 이 사람과 다른 외과 의사가 환자를 받아 수술을 시작했다. 마취과 의사 두 명이 환자의 정맥에 혈액과 약물을 주입하는 동안, 두 외과 의사는 환자의 몸을 메스로 갈라 흉곽과 복부에서 찢어진 동맥을 찾아냈다.

네 시간 동안 이루어진 협업의 혼돈 속에서 의료진은 미친 듯이, 하지만 혼연일체가 되어 수술을 진행했고 환자는 살아났다. 그건 내가 그때까지 목격한 일 가운데 가장 대단한 일이었고, 신출내기는 상상도 할 수 없던 장면이었다. 더더욱 믿기지 않는 일은 6년 전만 해도 대학 중퇴자였던 내가 그 현장에 있다는 사실이었다. 그 순간 나는 내가 입문한 그 전문 기술의 세계에 깊은 긍지를 느꼈다. '수술'이라는 단어가 내게 새롭게 다가왔다.

외과 의사 수련에서 나는 완전히 다른 세계를 경험했다. 일반적으로 외상 치료에서는 일이 타 분야와 다른 속도로 진행된다. 누군가 총상이나 자동사 사고 같은 참사를 당해 몸에 심한 손상을 입은 경우, 이들은 차례를 기다려 치료받지 않고 바로 외상 소생실로 보내진다. 옷을 입은 상태에서는 얼마나 다쳤는지 알아보기 힘들기에 옷을 제거해야 하는데, 이때 의료진은 환자의 바지를 조심스럽게 벗기지 않는다. 대신 외상 전단trauma shear, 즉 바지의 양쪽 다리를 허리선까지 가위로 쭉 찢는 조치를 취한다. 셔츠역시 두 쪽으로 찢는다. 환자의 다친 몸은 최소한만 움직이도록 해서 침대에 눕혀야 한다. 치료가 필요한 부분을 확인하고 개방

성 골절(골절된 뼈 주위 피부가 찢겨 드러난 상태. 골절된 뼛조각이 피부를 뚫고 나와 발생한다—옮긴이)이 있나 살핀다. 갈비뼈를 찾아 안에 갇힌 공기를 빼낼 구멍을 뚫을 준비를 한다. 이 모든 조치는 환자의 상태가 상공에서 추락하듯 곤두박질할 때, 지면에 충돌하는 최악의 사태를 피하기 위한 것이다. 이 순간은 낙하산을 펼 수 있는 마지막 기회다. 외과 의사는 환자가 추락할 때 그를 구해줄 최후의 희망이다.

외과 의사들은 자신의 손과 기술을 사용해서 환자의 운명을 구할 기회를 갈망한다. 나 역시 레지던트일 때 그랬다. 일반 외과에서 복부나 흉부 외상 수술이 필요한지 결정하는 사람은 보통 자격을 갖춘 경험 많은 외과 의사였다. 하지만 신경외과의 수술은 달랐다. 신경외과 의사는 좀처럼 드물어서, 자격을 갖춘 뇌 전문 외과 의사가 밤에 당직을 서는 경우가 거의 없었다. 바로 이러한 신경외과 전문의의 희소성 때문에 '당직을 서는' 미천한 수련의가 '환자를 소생시킬' 결정, 즉 환자를 수술실로 데려가는 결정을 할 수 있다는 것이 신경외과의 규율이었다.

환자의 두개골을 열지 말지 결정하는 일은 전적으로 신경외과 레지던트(경험을 쌓은 레지던트가 아님), 그것도 (총 7년 중) 2년차 레지던트에게 달려 있었다. 사실 '2년차'라고 부르는 것도 많이 봐

준 거다. 첫해는 인턴십을 쌓는 기간으로 이때는 수술을 거의 하지 않기 때문이다. 따라서 엄밀히 말해 2년차 레지던트는 풋내기 외과 의사, 그야말로 초보다. 의과대학을 나와 13개월 동안 수술 참관만 했지 실제로는 수술을 거의 해보지 못한 상태다. 그런 풋내기가 앞장서서 중요한 결단을 내려야 한다. 뇌에 외상을 입은 환자가 들어왔을 때 복도를 내리 달려 수술실로 돌진해야 하는지 여부를 내가 판단해야 하는 것이다. 영웅적 조치를 했다고 칭찬받을 수 있다는 점이 짜릿하기도 했지만, 이 환자의 몸을 메스로 여는 행위가 옳을지 불안과 두려움과 걱정이 몰려오기도 했다.

처음으로 수술 결정을 내렸을 때 나는 27세였고, 그 책임감에 기분이 짜릿했다. 그 순간과 그 의미는 할리우드 영화에서 묘사되는 '출혈을 멈추게 하는' 장면보다 훨씬 무게감이 있었다. 수족 치료 전문의라면 누구나 환자의 출혈을 멈출 수 있으니까. 환자를 수술실로 데려가느냐 마느냐를 정하면서 나는 이들의 운명을 결정하고 있었다. 내 생각에 올바른 결정은 환자의 두개골을 여는 것이었다. 만약 잘못 판단하면 외상을 더욱 악화시킬 수도 있다고 생각했다.

당시 나는 맹장 수술도 안 해본 상태였는데 환자를 뇌 수술실로 데려가겠다는 결정을 단독으로 내렸고, 숙련된 신경외과 의사는 병원으로 오는 중이었다. 지금처럼 의학적 영상을 휴대전화와 컴퓨터로 공유하기 전이라 병원 내에서 이루어지는 처방은 전적으로 신경외과 레지던트의 판단에 따라 이루어졌다. 나는 외상소생실로 가서 마취과 전문의, 외상 수술 교수, 고참 간호사에게 둘러싸였다. 내가 아는 게 거의 없다는 걸 다들 알았지만, 이들은 신경외과 레지던트가 다른 과의 고참 외과 의사만 하는 결정을 내릴 수 있다는 신경외과만의 규율 역시 알고 있었다. 나는 애써 침착하게 간단한 두 단어를 내뱉었다. '외상 개두술'. 이는 곧 두개골을 가능한 한 빨리 열어야 한다는 의미였다.

그때 나는 터지기 직전인 병의 뚜껑을 따야 한다는 판단을 내렸다. 일반 외과에서 수련할 때 고참 신경외과 의사가 이런 결정을 내리는 걸 지켜본 적이 있지만, 이제는 내가 바로 이 중대한 결정을 내리는 장본인이었다. 여전히 확신을 못 해 갈팡질팡하면서도 내 앞에 놓인 위험한 수술을 어떻게 진행할지 머리를 굴려야했다. 구원투수를 기다리는 동안, 즉 수술을 이어받아 마무리할 선임 외과 의사가 도착하기 전까지는 내 선에서 실수하고 싶지 않았다.

그러는 사이 문이 쾅 하고 열리더니 스크럽(수술 전 손 씻기)을 마치고 손을 흠뻑 적신 교수가 들어와 수술을 이어받을 준비를 했다. 그리고 그는 "이 환자는 수술이 필요했어. 나라도 같은 결정을 내렸을 거야"라며 내 결정이 재앙이 아니었음을 말해주었다. 당시 나는 이 환자가 누구인지 생각할 겨를도 없었다. 나 자신, 내 감정, 실수에 대한 두려움, 잠재적으로 내재된 트라우마, 부담, 책임감, 기회에 관한 생각만 머릿속에 가득했다.

외상은 우리를 영원히 바꾸어놓는다

외상 소생실에서 물밀듯이 들어오는 환자의 처치를 돕던 어느 날, 과거 한편에 밀쳐둔 기억이 떠올랐다. 가위로 찢어버린 후 아직 치우지 않은 환자들의 옷 무더기는 마치 갈퀴로 긁어모은, 여러 모양과 색조와 질감이 합쳐진 잎 무더기 같았다. 찢겨 한쪽에 쌓인 옷 무더기는 뭔가 불완전한 느낌을 풍겼다. 환자의 신발은 차량 다중 추돌 사고 현장에 그대로 남겨져 이곳에 오지 않았기에 더욱 그랬다. 찢긴 옷의 잔해를 보니 뭔가가 머릿속에 꿈틀거리며 올라왔다. 13세 때 로스앤젤레스의 하늘에서 봤지만 마음 한구석에 밀쳐두었던 장면이.

로스앤젤레스 분지는 약 1,300만 명의 인구를 수용하고, 면적은 77,200제곱킬로미터 이상이며, 사방으로 위세를 뻗친다. 오직 태평양만이 그곳을 가로막는다. 이 거대 도시 권역 안에는 세리토스라는 존재감이 전혀 없는 도시가 하나 있다. 1986년 8월 어느 일요일, 나는 그곳에서 자전거를 타고 있었다. 그런데 무슨 소리가 들렸다. 처음에는 그 소리가 미약했지만, 소리의 진폭과 진동이 낯설었기 때문에 무시할 수 없었다. 분명 금속제가 폭발하는 소리 같았는데 거리는 꽤 멀었다. 나는 좌우를 둘러보며 어디에서 소리가 났나 살펴보았지만 눈에 띄는 건 전혀 없었다. 그다음 위를 올려보았지만 소리는 점점 커지더니 급기야는 이상하게 긁는 소리로 바뀌었다. 손톱 백만 개가 칠판을 긁어대는 소리로.

자전거를 타고 현장에 다가가는데 아무런 그림자도, 심지어 보통 한쪽에 너부러져 바퀴가 헛도는 주인 없는 자전거도 보이지 않았던 게 생생히 기억난다. 태양은 내 머리 바로 위에 있었다. 정오였다. 하늘 위에서 여객기가 크리스마스 장식처럼 꼬리를 위로 향한 채 균형을 잃고 추락하는 모습이 눈에 들어왔다. 무슨 일이 일어났는지, 앞으로 무슨 일이 일어날지 안 봐도 뻔했다.

그때 나는 단발 엔진 비행기가 세리토스 상공에서 로스앤젤레스 국제공항으로 진입하는 아에로멕시코 여객기와 충돌한 여파를 목격하는 중이었다. 나는 사고 현장을 잘 볼 수 있는 육교에 서 있었다. 제트엔진의 굉음은 실제 폭발 소리보다 더 컸다. 내가 서 있던 길 위로 비행기 잔해가 쏟아졌다. 떨어지는 낙엽처럼 이리 저리 찢긴 옷가지가 눈에 들어왔다. 외상 소생실 바닥에 쌓인 옷은 내 옛 기억을 되살렸다.

지금은 9.11 테러를 겪은 후라 비행기 충돌 사건이 발생하면 당국이 즉각적으로 대처하지만 당시에는 그러지 않았다. 또 요즘 지자체와는 달리 그 당시 소도시에서는 사고 잔해에 접근을 차단해야 한다는 인식과 대비책도 없었다. 나는 당황스러울 정도로 사고 현장 가까이에 있었다. 연료가 타는 냄새는 처음 맡아봤다. 나에게 익숙했던 타는 냄새와는 달리, 그 냄새는 녹은 플라스틱과 금속 냄새가 합쳐져 독특했다. 그리고 연료 냄새 밑으로, 오랜 세월이 흐른 뒤 다시 맡을 그 냄새가 올라왔다. 바로 살이 타는 냄새. 내 뇌는 이 냄새를 어디에 저장해야 할지 몰랐다. 첫 경험이었다. 이후 외과 의사가 되고 나서 이 냄새에 익숙해졌다.

이때의 기억은 내 뇌의 제일 앞부분, 인지와 정서가 섞이는 곳에서 생각지도 않게 불현듯 떠올랐다. 인간의 뇌는 빽빽한 숲과 같다. 의식적인 생각을 담당하는 '이성의 뇌'는 나무 꼭대기에, 정서를 주관하는 '감정의 뇌'는 가지에 있다. 이 가지는 나무 몸통인 일명 '파충류의 뇌', 즉 생명의 뇌인 후뇌를 향해 뻗어 있다. 내 기억은 이 보이지 않는 뇌의 영역이 상호 작용하는 과정에서 의식 위로 떠올랐던 것이다.

우리는 기억의 총체다. 기억은 세상에 대한 이해를 구축하고, 우리를 자신의 과거나 가까운 타인과 이어준다. 하지만 기억은 우리에게 부정적인 영향을 끼치며 발전을 저지할 수도 있다. 충격적인 기억은 시간이 지나면서 대부분 희미해지고 그 날카로운 칼날도 무뎌지기 마련이다. 하지만 사라지지 않고 남아 우리를 괴롭히기도 한다. 이런 나쁜 기억은 일상생활을 망치고 집중을 하지도, 제대로 생활을 하지도 못하게 한다. 트라우마를 겪은 이후 싹이 터 자라기 시작해, 파멸의 뿌리 깊은 곳까지 파고든다. 사악한 불청객처럼 찾아와 우리의 망각을 방해한다. 따라서 이런 충격적인 기억에 어떻게 대처할지는 상당히 중요한 문제다. 트라우마로 인한 영향을 피하는 일 없이 인생을 헤쳐 나갈 수는 없기 때문이다.

우리 대부분은 살면서 정신적·신체적 외상을 일으키는 사건을 겪었거나 앞으로 겪을 것이다. 트라우마를 여러 번 겪는 사람도 많다. 전 세계 인구의 약 4분의 3은 살면서 정신적·신체적 외상을 적어도 한 번은 겪는다는 것이 자명한 사실이다. 우리는 죽음이나 중상을 목격하거나, 공격을 당하거나, 생명을 위협하는 질병을 앓거나, 뜻하지 않게 사랑하는 사람의 죽음을 경험한다.

나는 상상할 수 없는 온갖 방식으로 상해 입은 신체를 보았다. 외상은 생존자를 영원히 바꾸어놓는다. 생존자는 신체적인 변화를 겪음은 물론이고, 손상된 낯선 몸으로 어쩔 수 없이 살아간다. 이들은 심리적으로도 변화를 겪는다. 외상 사건이 남긴 정서적 상처에서 회복하는 일은 신체적 재활보다 더 어렵기도 하다.

중증외상을 입은 환자는 보통 의식이 없는 상태로 병원으로 실려 온다. 이들은 신원 확인이 되지 않은 채 병원에 들어오고, 이들의 가족은 무슨 일이 일어났는지 여전히 모르는 상태다. 미국의 경우 이런 환자에 대비해 외과 의사에게 '이중 닥터double.doc'라는 절차를 시행할 권리를 부여한다. 이 절차는 의사 한 명은 계획을 세우고 나머지 한 명은 여기에 동의하는 방식으로, 이는 외과 의사는 환자의 생명을 살리려고 환자의 동의를 받을 필요가 없다는 뜻이다. 외과 의사는 환자가 의식이 있었더라면 어쩌면 동의하지 않았을 방식으로 환자의 생명을 구한다.

외상 환자가 깨어났을 때는 이미 물은 엎질러진 상태다. 갈비뼈는 절단되었고 뇌엽도 제거되었고 장은 전환술을 받았고 팔다리는 잘려 나갔다. 처음에 환자는 의식이 몽롱해서 현실을 잘 파악하지 못하는 경우가 많다. 마약성 진통제와 살아났다는 안도감이 섞여, 자살을 시도했던 사람마저도 십중팔구 안도의 한숨을 내쉰다. 이들은 스스로 몸을 가눌 수 있게 되고 외상의 후유증에서 벗어나기까지, 앞으로 얼마나 긴 여정이 기다리고 있는지 알 길이 없다.

환자가 중환자실에서 나오거나 그동안 투입된 약물이 저용량으로 줄면, 그때부터 변화가 보인다. 이건 이들에게 사회적인 지원 시스템 또는 자원이 있느냐 없느냐의 문제만이 아니다. 해로운 감정, 즉 죄책감이 환자의 마음에 자리를 잡느냐 마느냐의 문제다. 만약 벌어진 일이 통제 가능한 범위 밖의 일이라면 환자는 살아 있는 것에 감사하며 자신의 감정과 죄책감을 외부, 즉 숙명이나 어떤 사람 또는 사물 때문이라고 여긴다. 자신 때문이라고 여기는 경우는 드물다. 하지만 만약 그들의 판단 실수가 외상으로 이어졌다면(예컨대 안전벨트를 매지 않았다면), 환자는 '다 내가 한 짓이다'라는 자책감과 수치심에 괴로워한다.

내 환자 대부분은 아직 신체적·정신적 외상을 이겨내지 못했고 그것과 한창 싸우는 중이다. 암 선고를 받는 일은 그 자체가 트라우마가 된다. 어떤 사람들은 병상에서 암 진단을 듣는다. 그들은 속옷 외에는 얇은 병원 가운만 입은 상태다. 옷도, 반지도, 시계도 없다. 내 환자는 악성 뇌종양과 척추 종양을 가지고 있는 사람들로, 이런 종양은 잘라내도 어김없이 다시 자라난다. 수술 후 암 진단이 내려지는 일도 더러 있다.

나는 검사 결과를 환자에게 알려줄 때, 보통 침대 측면으로 가서 환자가 문 쪽을 보지 않고 나를 바라보도록 한다. 문을 바라보는 것은 방금 들은 내용을 회피하고자 하는 환자의 전형적인 발뺌 수법이다. 환자는 주의가 산만해지고, 병상에서, 병원에서, 본인이 듣게 될 소식에서 도망치는 상상을 한다. 이상하게도 나는 내가 트라우마를 겪은 덕분에 뇌종양이나 생명을 위협하는 다른 질병으로 인해 실존적 위협에 처한 환자들을 도울 수 있었다.

나는 환자에게 암 진단을 내릴 때, '내가 지금 말하는 내용은 진실'이라는 것과 '암이라는 얘기를 해야 해서 마음이 아프다'는 뜻을 모두 전달하고 싶다는 표정으로 소식을 전한다. 그리고 침묵한다. 으레 1~2분간 침묵이 흐른다. 환자는 이 시간 동안 세상이 무너지는 느낌을 받고, 현재 상황, 지금까지의 경험, 그동안 쌓인 암에 대한 생각, 그리고 본인이 책임질 사람들에 대한 온갖 생각과 감정을 헤쳐 나가야 한다. '삶의 기억이 주마등처럼 스쳐지나가는 경험'은 우리가 흔히 아는 생의 마지막 순간에 일어나는 일이 아니라, '암'에 걸렸다는 소식을 들었을 때 일어난다. 이때 환자의 호흡이 변하고 얼굴에 난 주름살이 움직인다. 대부분의 환자들은 고통스러워하고 눈물을 흘린다.

환자가 상황을 받아들이면, 나는 몇십 년은 아니지만 몇 달은 남아 있다고 말해준다. 완치는 불가능하다고, 그래도 함께 노력하면 몇 년은 얻을 수 있다고도 말한다. 고통 없는 몇 년을. 소중한 몇 년을. 나는 그들이 원하는 만큼 그 여정을 함께하겠다고 약속한다. 하지만 차량 충돌 사고나 심장마비와는 달리, 암 진단이 주는 정서적인 고통은 수그러들지 않고 오히려 심해진다.

치료가 진행되면서 또 다른 형태의 신체적·정신적 외상이 찾아온다. 수술, 항암 치료, 방사선 치료는 고통과 불편과 몸의 변화를 초래한다. 그러나 암으로 인한 정서적 고통은 이에 못지않거나 그보다 더 심할 수 있다. 생존율이 90퍼센트 이상인 초기 유방암에 걸린 여성들은 가장 심한 스트레스를 받은 경험이 사실 항암 치료가 아니었다고 밝혔다. 이들은 의사가 암 진단을 내렸을 때, 암이 전이되었는지 알아보려고 수술 결과를 기다릴 때, 암 수술 전 대기할 때 순으로 스트레스가 심했다고 말했다.

일부 뇌종양 환자는 운명을 피할 길이 없다. 이들은 가급적 빨리 자신의 죽음을 냉철히 바라보아야 한다. 생의 결승선이 갑자기 눈앞에 나타난다. 환자는 당장 그 선을 밀쳐내고 싶다. 몇 달이라도, 몇 년이라도 더 살 기회를 잡으려고 눈앞에 닥친 건 무엇이든 한다. 그러다 보니 환자는 치료를 한 번 받고 나서 회복할 겨를도 없이 검사 결과를 듣고, 그 결과에 따른 치료를 또 감당해야 한다. 아침에 일어나서 떨어지지 않는 발걸음을 떼며 암 센터에 가는 것. 이건 내 눈에는 영웅적인 행동으로 보인다.

암 환자들은 외상 환자들과 완전히 다른 경험을 한다. 항암 치료도 듣지 않아 오직 완화 요법만 남았을 때 환자는 이전과 다른 트라우마를 겪는다. 죽음이 아닌 죽어가는 것. 이들은 자기들의 죽어가는 모습이 추할까 두려워한다.

어떤 트라우마는 성장의 신호가 된다

사람은 대부분 심각한 증상을 겪지 않고 신체적·정서적 외상을 감내할 수 있다. 트라우마 사건이 심각하고 오래 지속되는 반응을 일으킬 위험은 우리가 신체적·정서적으로 트라우마에 얼마나 밀접한지, 또 이에 대응하는 방식이 무엇인지에 따라 증가한다.

단기적 효과가 좋았던 대처 방법이 오히려 독이 될 수 있다. 트라우마가 생겼을 때 이를 즉시 마음속에서 차단하면 트라우마에 압도되지 않을 수는 있지만, 그 상처는 뜻하지 않게 다시 돌아와

해를 입힐 수 있다. 이건 두개골이 타격을 입었을 때 뇌에서 일어나는 일과 비슷하다. 망치에 맞았거나 머리부터 추락한 경우 두피는 즉각 세포 차원에서 충격에 대응한다. 뉴런은 신경아교세포에 둘러싸여 있는데, 이 세포는 뉴런을 보호해서 상처가 건강한 이웃 뉴런까지 퍼지지 않도록 한다. 뉴런 자체와 마찬가지로 신경아교세포도 중요한 기능을 한다. 이 세포가 부상에 대응하는 방식, 즉 뉴런을 둘러싸서 보호하는 것을 신경아교증이라고 한다. 이건 뇌 수술 중 육안으로 볼 수 있는 상처와 비슷하게 생겼다. 유백색의 흰 뇌를 둘러싼 흐릿하고 누르스름한 테두리. 신경아교증은 주변 뇌를 부상에서 보호하지만, 잠시뿐이다. 시간이 지나면 오히려 일관성 없는 비정상적 전기 흐름, 즉 발작의 원인이 될 수도 있다. 우리 몸은 생물학적 차원에서 트라우마에 대해 즉각적으로 반응하는 보호 기능이 있지만, 나중에는 이 기능이 오히려 방해가 되는 셈이다.

행동 차원에서도 동일한 현상이 발생한다. 트라우마는 잠시 잊혀도 다시 떠올라 강렬한 피해를 남길 수 있으며, 그 여파는 환자의 세상을 침범하고 뒤흔든다. 또한 트라우마의 여파는 우울증, 심각한 불안, 외상 후 스트레스 장애Post Traumatic Stress Disorder(이하 PTSD)를 유발하는 고통까지 일으킨다.

PTSD는 혈액 검사나 기타 객관적인 검사가 아닌, 일련의 관찰을 통해 진단하는 질환이다. PTSD는 일부 사람들이 외상의 여파로 겪는 특정한 고통의 약칭이다. 이 약칭은 어느새 유행어가 되었고 그 의미가 희석되고 단순화되어, 일상생활의 곤란과 불편에 대한 대처를 가리킬 때 사소하게 입에 올리는 말이 되었다. 그러나 이 진단명이 의미하는 바는 결코 사소하지 않다. PTSD는 과거 회상과 악몽을 통한 외상의 재경험, 정서적 애착의 회피, 과각성(쉽게 놀라고 신경이 곤두서고 버럭 화를 내는 증상)의 세 가지 증상이 지속적으로 나타나는 것이 특징이다. 어떤 성별이나 유형의 사람이 PTSD에 취약하다는 통념은 진단 뒤에 숨겨진 개개의 세세한 상황을 담아내지 못한다. 예컨대, 어떤 군인은 전투에 참여한 적이 없는데도 PTSD를 겪고, 여자보다 남자가 성性적 트라우마 이후 PTSD를 겪을 빈도가 높다.

트라우마가 있는 사람 대부분이 겪는 증상은 정리된 체크리스트와 잘 맞지 않기 때문에 진단을 내리기가 쉽지 않다. 하지만 그 고통은 실제 겪는 신체적 고통에 못지 않다. 정의에 의하면 PTSD는 반드시 신체적 외상으로 인해 생겨나지만, 정서적 외상 역시 신체적 외상과 동일하게 끔찍한 고통을 야기한다. PTSD는 뜻하지 않은 경계심을 일으키거나, 고통스러운 기억을 떠올리게 한다.

현실에서는 아주 많은 일이 일어나지만, 우리 뇌는 기억하는 것보다 훨씬 많은 것을 망각하게끔 만들어졌다. 과거 일을 하나하나 기억하는 것이 아니라 이 세상을 넓게 보도록 진화했다. 전화번호나 어제 차를 주차한 장소같이 일상생활의 사소한 부분을 대부분 망각하는 덕분에 우리는 중요한 것을 기억할 수 있다. 이를 적응적 망각adaptive forgetting이라고 한다. 대부분의 기억은 옛날 사진처럼 희미해지고 많은 세부 요소와 함께 그 정서적 효력을 잃지만, 외상의 기억은 오래 지속될 수 있다. 자동차 사고를 당하기 전 보았던 운전자의 체크무늬 셔츠나 차량의 빨간색이 원치 않는데도 계속 떠오르는 것처럼 말이다. 외상이 생기면 외상이 발생했을 때의 사람, 장소, 사물이 두려워진다.

기억은 부드러운 찰흙으로 만든 조형물이 굳기 전처럼, 형성 초기에는 허술하다. 와이파이 비밀번호 같은 새로운 정보는 당장 꺼내 쓸 수 있지만, 뭔가를 기억 속에 저장하려면 시간이 필요하다. 기억을 두고두고 간직할 의미 있는 것으로 만들려면 뇌가 사방으로 뻗어 있는 뉴런 조합에 저장된 정보를 통합해야 한다. 감정은 통합을 위한 지름길로, 기억을 깊게 새기는 데 필요한 시간과 반복 횟수를 줄여주는 역할을 한다. 기억은 하드드라이브에 저장된 파일처럼 한 곳에 저장되지 않는다. 오히려 기억은 거미줄같이 얽혀 있고, 뇌의 서로 다른 여러 부위에 저장된다.

정서적인 기억은 수 시간 내에 뇌 속에 굳어진다. 일단 기억이 굳어지면, 변하기가 아주 어렵다. 이 말은 트라우마 사건 직후 무엇을 했느냐가 중요하다는 뜻이다. 트라우마를 경험한 직후, 기억이 굳어지기 전에 하는 일은 트라우마가 어떤 영향을 끼칠지, 또 지속적으로 우리의 현재 속으로 파고들어 매번 새로운 트라우마를 안길지의 여부에 지대한 영향을 끼친다. 프랑스 시민 혁명 당시, 그 유명한 뜨개질하는 여성들les tricoteuses(프랑스 시민 혁명 시기 사회 운동을 펼쳤던 여성들. 이들은 여성의 정치 참여를 금지하는 정부에 항의하는 의미로 단두대 옆에서 뜨개질을 하며 처형을 지켜보았다—옮긴이)은 단두대 옆에 앉아 뜨개질을 했으니 분명 PTSD를 겪지 않았을 것이다. 뜨개질이 이 여성들을 보호해준 셈이다.

영국의 심리학자 에밀리 홈스Emily Holmes는 뜨개질 같은 시각적·공간적 작업은 트라우마 기억이 마음속에 고착되는 걸 막는다고 밝혔다. 홈스는 트라우마 기억이 굳어지기 전에 테트리스 게임을 하면 트라우마 사건이 재현되는 현상을 막는 데 도움이 된다는 사실을 발견했다. 마찬가지로, 실제 차량 사고로 유혈이 낭자한 현장을 보여주는 비디오가 상영되는 동안 키보드로 특정 패턴을 두드린 참가자는 이 작업을 하지 않은 참가자에 비해 끔찍한 사고 장면이 머릿속에 되살아나는 경우가 적었다. 반면 이 비디오를 보면서 입으로 셋까지 세는 작업을 수행한 사람들은 끔찍한 장면을 떠올리는 경우가 더 많았다.

찰스 다윈Charles Darwin은 쓸데없이 긴 도주나 회피는 동물을 위험에 빠뜨린다고 말했다. 회피는 트라우마 기억의 관점에서도 우리를 위험에 빠뜨린다. 올바른 조건에서 트라우마 사건을 떠올리면 트라우마로 인한 정서적 상처를 치유할 수 있고, 재응고reconsolidation라는 과정을 통해 공포를 소멸fear extinction할 수 있다. 기억을 생성하는 것은 화강암을 조각하는 것처럼 영원히 고착되는 일회성 작업이 아니다. 기억은 말랑말랑하다. 어떤 기억을 끄집어낼 때는, 그 기억을 재응고해서 다시 기억할 필요가 있다. 이건 생물학적인 과정으로, 단백질 합성을 통해 기억이 변화할 기회가 생기는 것이다. 이때 새로운 정보와 맥락이 원래 기억에 추가될 수 있다.

놀랍게도 어떤 트라우마는 성장으로 전환된다. 외상 후 성장post-traumatic growth은 분투 덕에 생긴 긍정적인 심리적 변화다. 인생을 새롭게 볼 수도 있고, 가능성의 문이 열리기도 하며, 삶의 우선순위가 바뀔 수도 있다. 트라우마가 생긴 이후에도 개인적인 성장은 가능하지만, 뒤집힌 세상을 이해하려고 적극적으로 나서서 사건을 다시 바라보고 기억을 재응고하는 사람에게만 이런 성장이

가능하다.

트라우마를 만난 직후 이를 극복하기 위해 분투하는 일은 궁극적인 성장에 도움이 된다. 암 진단을 받은 환자 중에도 선고 직후에는 스트레스를 받고 불안해하다 시간이 흐르면서 외상 후 성장을 이루어내는 사람이 있다. 뇌졸중 환자와 토네이도 생존자 중에서도, 발생한 사건을 돌이켜보고 이를 파악하려 힘쓰면서 마음속으로 사건을 긍정적으로 재구축한 사람은 외상 후 성장을 이룰 가능성이 더 높았다. 이렇게 긍정적으로 과거를 생각하는 행위를 의도적 반추deliberate rumination라고 한다.

이상하게도, 심리적인 장애를 많이 겪는 사람이 회복탄력성resilience이 큰 사람보다 외상 후 성장을 경험할 잠재력이 더 많다. 이런 획기적 대처 방식을 경험한다고 해서 고통이 줄거나 행복감이 느는 건 아니고, 살면서 여러 일에 대처하는 수준이 외상 전보다 더 높아진다고 보면 된다. 사실, 역경에 잘 대처하는 사람은 트라우마 사건에도 외상 후 성장을 다른 사람들처럼 달성하지 못할 수 있다. 사건이 성장을 자극할 정도가 되지 못해 당사자가 흔들리지 않기 때문이다.

어려운 시기를 경험하는 것도 외상 후 성장을 이끌어낼 여지가 크다. 외상에 의한 성장은 여러 방식으로 이루어질 수 있다. 외상

이후 성장할 수 있는 사람들은 외상을 재구성하는 능력을 보인다. 중증외상 생존자들을 인터뷰한 결과, 사건의 성격과는 관계없이 사건으로 인한 변화를 수용하는 자세가 꾸준히 관찰되었다. 어떤 사람은 이렇게 말한다. "제게 닥친 문제는 제가 선택한 게 아니지만, 이를 계기로 일어날 변화는 제가 선택할 수 있습니다." 또 어떤 사람은 내가 그동안 몇 번이고 들었던 말을 하기도 했다. "과거에 일어난 그 일 덕분에 지금의 제가 있습니다."

내 환자 중에 암 진단 전까지 만성적으로 걱정을 달고 사는 사람이 있었다. 그런데 암 진단으로 그의 끊임없는 걱정은 막을 내렸다. 그는 살날이 얼마 남지 않았기 때문에 더 이상 걱정에 낭비할 시간이 없다고 했다. 진행성 유방암을 앓던 다른 환자는 병원에 와서 항암 치료를 받는 와중에도 정열적으로 운전 일을 계속했다. 버스 기사였던 그는 암에 대해 걱정을 하다가도 버스 운전을 하면 그걸 잊게 되어 균형 잡힌 생활을 할 수 있다고 했다. 환자들은 암 진단이라는 트라우마에 직면해 각각 자신에게 닥친 새로운 세계를 받아들이고 자기만의 방식으로 성장을 이루었다.

우리가 기억의 거미줄을 잡아당길 때, 우리 마음은 그 거미줄에 연결된 시각, 냄새, 정서를 풀어낸다. 그날 병원 바닥에 낙엽처럼 쌓인 옷가지를 보고 나는 비행기 추락 희생자를 떠올렸다. 이 기억은 15년간 한 번도 나를 방해하지도, 내 머릿속에 떠오르지 않았는데도 말이다. 그때 사고 현장에서 제트기 연료로 붙은 화염 아래에서 살이 타는 자극적인 냄새가 올라왔던 것도 생각났다. 그때는 그게 무슨 냄새인지 몰랐지만 이제는 수술할 때 자주 맡는 그 냄새임을 알게 되었다. 우리는 언제 기억이 떠오를지, 또는 그게 우리에게 어떤 영향을 끼칠지를 통제할 수 없다. 나는 운이 좋았다. 나는 직업적으로 외상과 관계를 맺고 있었고, 덕분에 기억이 떠올라도 그 기억을 심리적으로 덜 민감하게 느끼도록 처리할 수 있었다. 내가 다른 직업에 종사했다면 어쩌면 더한 트라우마를 겪었을지도 모른다.

살면서 우리는 트라우마 사건에 대처해야 할 경우가 많다. 그 사건은 길고 느리게 진행될 수도 있고, 예기치 못하게 찾아와 빠르게 지나갈 수도 있다. 트라우마가 오는 순간 1단계로 취해야 할 조치는 생존이다. 여기에 대해서는 준비된 각본이 아무것도 없다. 이런 위기 상황에서는 무엇이든 살려고 동원하는 수단이라면 다 가치가 있다. 그러나 오랜 기간 참고 견뎌낸 트라우마는 끊임없이 여파를 일으킨다. 따라서 자기 나름의 방식으로, 또 자기만의 시간대에서 과거에 경험한 트라우마를 반드시 다시 마주해야한다. 이 트라우마가 우리 내면에서 그대로 빈둥거리게 놔두어서는 안 된다. 우리가 트라우마를 처리하지 않으면 트라우마는 마음과 의식을 좀먹는다. 트라우마에 맞서 분투하는 것은 실패의 신호가 아니라 성장에 필요한 토대를 마련하는 일이다.

트라우마가 일으킨 감정적 에너지는 가만히 놔둔다고 사라지지 않으며 반드시 대사 과정을 거쳐야 해소된다. 이 에너지는 우리가 원치 않은 트라우마의 여파를 일으키고, 우리는 에너지의 방향을 바로잡아야 할 책임이 있다. 그날 외상 소생실에서는 생각지도 못했지만, 이후 몇십 년간 트라우마로 고통받는 사람들을 보살피면서 나 또한 단단해졌다. 그토록 젊은 시절에 트라우마를 경험해보지 않았다면 나는 삶의 다사다난한 복합성을 계속 놓쳤을지도 모른다. 그건 상상할 수도 없는 일이다.

2

몰입

의사에게 필요한 능력

어느 날 머릿속에 시한폭탄을 품은 19세 소년이 나를 찾아왔다. 소년의 이름은 리처드였다. 그는 이전에 방문했던 신경외과 의사 두 명의 소견서를 가져왔다. 이 소년은 뇌 동맥 하나가 위험할 정도로 기형이었고, 뇌동맥류로 인한 파열 위험이 있었다. 동맥의 한 부위는 마치 풍선처럼 혈관이 늘어나 얇아져서 곧 터질 듯했다. 심장이 뛸 때마다 심장에서 발생하는 압력파 때문에 동맥이 찢어질 수 있는 위험이 도사리고 있었던 것이다. 심장 박동 하나하나가 그에게는 두려움이었다. 혈관이 파열되어도 그의 심장은 계속 규칙적으로 혈액을 두개골로 흘려보낼 것이고, 그렇게 되면 뇌 표면에 염증이 생겨 뇌세포가 손상될 터였다. 이와 동시에 산소가 풍부한 혈액을 동맥으로 공급받아야 할 뇌 부위는 말라 죽을 것이다. 동맥이 파열되면 사망 가능성이 40퍼센트나 되기 때문에 그가 공포에 떠는 건 당연했다.

다행히 보통 이런 수술은 순조롭게 끝난다. 나는 리처드에게 동맥류를 치료하지 않고 놔두는 것이 수술하는 것보다 더 위험하다고 설명했다. 하지만 두 경우 모두 치명적인 뇌 손상이 일어나 언어 구사 능력에 영향을 주거나 심하면 사망까지 이를 수 있다. 이건 나이가 얼마든 감당하기 버거운 소식이지만, 성인기에 막 접어든 청년에게는 상상할 수도 없이 힘든 상황이었다. 리처드는 6월에 수술을 받고 여름에 회복할 기간을 갖기로 했다.

그가 받아야 했던 수술은 외과 의사들 사이에서 기술적으로 어렵기로 소문난 수술로, 신경외과 의사 대부분이 집도하기를 꺼린다. 수술 결과는 양극단으로 나온다. 환자가 완치되는 최선의 결과, 혹은 환자가 사망하는 최악의 결과다.

수술하는 날 아침, 리처드는 수속을 마친 후 뒤로 끈을 묶게 되어 있는 환자복 차림에 팔에는 정맥주사 바늘이 연결된 상태였다. 탈의실에서 나는 새 수술복으로 갈아입는다. 수술실에는 2년제 전문학사 학위를 받은 사람, 4년제 대학 학사 학위를 받은 사람, 의과대학을 나온 사람, 대학을 나오지 않은 사람 들이 모여 있다. 수술실로 들어가기 전, 빨간색 굵은 선 건너편에서 우리는 머리망을 쓰고 손과 팔뚝을 씻는다. 환자는 인공호흡기를 쓰고 있다.

수술 전 의식의 마지막 단계는 '타임아웃'이다. 미국 내 모든 병원에서는 반드시 이 순서를 지켜야 절개를 시작할 수 있다. 타임아웃은 간호사가 진행하며, 모두 10초 동안 가만히 서 있어야 한다. 그 사이 환자의 이름이 호명되고 수술 동의 조건 및 예정된 수술명이 소개된다. 그러면 마취과 의사, 외과 의사, 수술 간호사가 모두 '동의합니다'를 복창해야 한다. 비행기의 비상구 좌석에 앉을 때 하는 안전 점검과 비슷한 절차다. 이때 모두가 소리 내어 동의를 해야 수술을 시작할 수 있다.

특히 리처드의 수술에서는 모든 것이 리듬에 맞춰 진행되어야 했다. 불필요하게 서두르면 실수가 발생한다. 나는 리처드의 머리를 민 다음 두피에 베타딘이라 불리는 오렌지색 소독약을 발랐다. 담당 기술자가 리처드의 머리에 전극을 꽂아 뇌파를 추적 관찰했다. 마취과 의사는 수술실에 충분한 혈액을 구비해두었다. 이제 나의 차례. 시계는 8시 15분을 가리켰다.

리처드의 동맥류는 중심 뇌동맥에 자리했다. 이 동맥은 뇌 깊숙이 위치한 필수 혈관으로, 작은 혈관 몇십 줄기로 갈라져 두개골 상부로 향한다. 중심 뇌동맥을 찾으려면 전두엽과 측두엽을 결합시키는 실비우스 열 sylvian fissure(뇌의 중앙 부위와 측면 부위 사이의 갈라진 틈으로, 해부를 통해 이를 발견한 독일의 화학자 이름을 따서 실비우스

열이라 불린다—옮긴이)을 벌려 이 둘을 분리해야 했다. 내가 계획한 수술 경로는 이 험준한 골짜기를 타고 목표 동맥에 접근하는 것이었다. 나는 무지갯빛 막을 가르고 뇌엽 사이를 미끄러지듯 움직이며 뇌 조직이 전혀 손상되지 않도록 만전을 기했다. 시각은 9시 15분.

동맥류 위 벽은 얇다 못해 심장이 뛸 때마다 혈류의 흐름이 눈으로 보일 정도였다. 내 심장은 빨리 뛰었지만, 박동수가 올라간다고 불안하거나 공포가 찾아온 것은 아니었다. 나는 침착했다. 내 집중력은 날개를 달았다. 압박감을 느끼는 와중에도 침착하다는 것은 우리 몸이 현재 상황을 외면한다는 의미가 아니라 상황에 휘둘리지 않는다는 의미다. 나는 이 수술에 걸린 위험을 파악하고 있었다. 심장 박동이 빨라진다는 것은 이런 상황에서도 힘이 난다는 반증이다.

동맥류 아래에 스프링 달린 티타늄 재질의 작은 클립을 끼우는 작업은 이 수술의 핵심 단계였다. 이 모든 과정은 두개골 깊은 곳에서 일어나기 때문에 오직 한 사람, 즉 신경외과 의사만 작업할 수 있다. 나는 약 20센티미터 핀셋 끝으로 티타늄 클립을 집어들었고, 이제 오른손 검지와 엄지로 클립을 끼워 목표 부위에 설치할 준비가 되어 있었다. 클립은 동맥류 안으로 피가 흘러 파열될 위험을 막아준다. 이 클립을 완전히 끼울 때까지 동맥류는 환자의 생존을 위협한다. 나는 혈관에서 풍선 모양으로 부풀어 오른 동맥류 아래 부위에서 클립 입구의 조임 부분을 천천히 부드럽게 풀었다. 그런데 클립이 동맥류 아래 부위에 끼워져 거의 닫힌 순간 동맥류 파열이 일어났다. 찢어진 혈관 부위에서 피가 격렬하게 튀었다. 환자의 두개골에서 혈액이 폭우처럼 분출되었다. 시각은 9시 45분.

불시착에 대비해 모의 훈련을 아무리 한다 해도 모든 상황에 대비할 수는 없다. 위기 상황을 미리 그려보는 연습을 한다 한들 실제 상황에서는 별로 도움이 되지 않는다. 이때 가장 어려운 일은 단지 어떤 방법을 쓸지 파악하는 것이 아니라, 평정심을 유지하며 위기에서 벗어나는 것이다. 세차게 분출되는 피 때문에 눈앞이 흐려졌다. 마취과 의사는 저혈압 경고에 주목했다. 나는 그를 향해 수혈을 하라고 얘기했다. 다른 장기는 혈액 공급 없이도 몇 시간 버틸 수 있지만, 뇌는 단 몇 분 동안만 혈액이 공급되지 않아도 그 조직이 말라 뇌졸중을 일으킬 수 있기 때문에 정말 필사적으로 혈액 공급을 해주어야 한다.

압박감을 느끼는 상황에서 자신의 조치가 실제 결과에 영향을 줄 때 사람은 정신적으로 압도당하기 쉽다. 1979년 펜실베이니아 스리마일섬의 원자력발전소에서 노심용융(원자로의 냉각 장치가 정지하여 노 안의 열이 비정상적으로 올라가 원료인 우라늄이 용해되고 이 열로 원자로의 밑바닥이 녹는 사고—옮긴이)이 부분적으로 발생했을 때 발전소의 운전기사들은 여러 경보음에 혼란스러워했다. 이들은 재난의 위험에 직면하여 어떤 경보를 우선시하고 어떤 경보는 무시해도 되는지 몰랐다. 이런 현상을 지칭하는 용어가 바로 '경보 과부하alarm overload'다. 당장 내가 해결할 수 있는 수준 이상으로 경보가 많이 인식되는 것이다. 성과를 내야 한다는 압박감을 받으면 우리 뇌 역시 경보 과부하로 압도당한다. 위기 상황에 빨리 효과적으로 대처하려면 이런 외부 경보의 처리 순서를 정해서, 정신을 흐트리는 요소는 무시하고 집중을 유지해야 한다. 인류는 진화를 통해 이렇게 할 수 있는 체계를 갖추었다.

오랫동안 대뇌핵은 운동 조절에만 관여한다고 여겨졌다. 하지만 이제는 '감정의 뇌'에 자리한 이 뉴런 군집이 감각 조절은 물론 '능동 간섭active interference(활성화 상태인 대뇌핵이 다른 대뇌핵 부위의 활성화를 억제하거나 감소시켜 정보 전달을 방해하는 현상으로 정보 처리에 중요한 역할을 한다—옮긴이)'이라는 활동에 관여하는 것으로 밝혀졌다. 우리 뇌는 중요한 것에 초점을 맞추기보다는 중요하지 않다고 생각하는 것을 적극적으로 걸러낸다. 자극이 몰려들 때 대뇌핵이 무시해야 할 자극을 제거하는 것이다.

　뇌는 에너지를 많이 필요로 하는 대식가이다 보니 쓸데없는 문제까지 신경을 쓰다 보면 연료가 다 소진되고 만다. 뇌는 체중의 겨우 2퍼센트를 차지하지만, 우리가 쓰는 에너지의 20퍼센트를 필요로 한다. 따라서 신경 효율성^{neural efficiency}이 중요하다. 특이하게도, 신경 활동력^{neural activity}은 전문가가 더 낮은 양상을 보인다. 즉 전문가는 집중력을 높이는 것이 아니라 산만한 요소를 줄이고 스트레스를 낮춘다는 뜻이다. 신경 효율성은 압박을 받는 상황에서 전문가가 발휘하는 진정한 재능이다. 방심하지 않고 집중하는 능력은 누구에게나 내재되어 있는 능력이지만, 중요하지 않은 것을 제치는 능력은 본인이 적극적으로 개발해야 한다.

　나는 그동안 파열된 동맥류를 접한 적은 없었지만, 이럴 경우 해야 할 조치는 알고 있었다. 동맥의 파열된 벽을 복구하려면 겸자(외과 영역의 수술 또는 처치에 쓰이는 기계—옮긴이) 여러 개로 혈관을 고정시켜야 했다. 다양한 방법으로 혈관 복구를 여섯 번이나 시도했지만 아무 성과가 없었다. 그때 시각 10시 45분. 포기하지 않고 계속 시도했지만 실패의 연속이었다. 이제 시각은 11시 50분.

　환자는 약 8.5리터의 피를 수혈받았고, 빈 혈액 주머니가 바닥에 버려져 있었다. 이 시점에서는 환자 몸에 있던 피가 모두 빠져 나갔고 그 자리는 낯선 사람의 피로 채워졌다. 하지만 두 시간 넘는 동안 수술의 진전은 전혀 없었다. 머릿속이 꽉 차서 다른 생각이 비집고 들어갈 틈이 없었고, 내게 달린 문제의 무게감으로 머릿속에서 마음이 밀려날 지경이었다. 댐을 복구하려면 댐을 여는 것이 유일한 방법이다. 혈액을 아주 오랫동안 흘려보내 심장이 마비되는 지점까지 혈류량을 떨어뜨렸다. 이런 식으로 찢어진 동맥을 복구하는 시도 사이사이에 나는 잠깐 쉬고, 그때 마취과 의사가 '탱크 업'이라고 하는 혈액량을 채우는 과정을 진행한 다음, 이후 내가 필요한 동맥 복구 과정을 여러 번 시도했다.

동맥 복구 시도가 실패한 후 마취과 의사가 환자에게 혈액을 보충하는 사이사이마다, 내 뇌는 치솟는 아드레날린을 제어하려 발버둥치고 있었다. 이 화학 물질이 내 '파충류의 뇌'에서 위험을 알리고 호흡을 가쁘게 하며 혈류를 바꾸는 것이 느껴졌다. 공포가 다가오고 있었다. 나는 이 공포를 저지시켜야 했다. 이렇게 사고와 감정이 대결하는 내적 갈등이 치열할 때 수술을 효과적으로 진행하려면 이성과 감정의 균형을 찾을 필요가 있다. 외과 의사 대부분은 위험이 아주 높은 수술은 아예 들어가지 않는다. 사실 수술 대다수가 생명을 위협할 만큼 위험하지는 않다. 그런데 이

번 수술은 딱 위험하게 흘러가고 있었다. 동맥 재건술은 단 몇 차례만 시도할 수 있다. 만약 이 기회를 살리지 못하면 성공의 창이 닫히고, 외과 의사는 환자가 수술 중 사망하는 공포스러운 일에 직면하게 된다. 리처드의 가족에게 뭐라고 말하지? 누구한테 도움을 청하지? 하지만 이런 생각은 정도에서 벗어난 그릇된 경로임을 나는 알았다. 이런 산만한 생각이 각축을 벌이며 내 주의력을 다 갉아먹고 있었다. 앞에서 말했듯 집중력은 주의력이 고조된 상태가 아니라, 산만한 생각을 효과적으로 억누르는 것이다. 이 모든 과정이 진행되는 전전두엽은 산만한 생각을 걸러낼 수 없는 경우, 들어오는 정보에 압도되어 제 기능을 못 하게 된다. 그런데 이런 상황에서 감정이 더해지면 정보를 거르는 필터까지 제 구실을 하지 못한다.

압박감과 공포를 이겨내는 법

나는 리처드의 두개골 속 25센티미터 깊이에 있는 아주 중요한 혈관에서 혈액이 빠르게 빠져나가는 현상을 막으려고 핀셋으로 짜임이 촘촘한 얇은 천 한 장을 집어 들었다. 출혈이 일시적으로 멈춘 후 더 많은 양의 혈액이 비집고 들어오는 사이, 나는 이 잠깐의 틈을 이용해 내 호흡을 안정시켰다. 이런 상황에서 나는 깊은 호흡 대신 좀 더 느린 호흡을 한다. 3초를 세면서 숨을 들이쉬고 다시 3초를 세면서 숨을 뱉는다. 이렇게 호흡 속도를 조절하면 마음이 훨씬 편해진다.

나는 호흡을 고르면서 인간의 생리 현상을 이용한다. 명상 호흡은 우리 뇌의 전기 활동을 알맞은 수준으로 조절할 수 있다. 이 효과는 간질 환자를 대상으로 진행했던 한 연구에서 입증되었다. 이 연구에서는 발작의 진앙지를 찾으려고 환자의 두개골 아래와 뇌 표면에 수술을 통해 전극을 삽입했다. 환자 집단이 일정 기간 동안 입원하며 다양한 사고 실험에 참여했는데, 그중 하나가 명상 호흡이었다. 두개골 내부를 직접 측정한 결과 호흡 패턴은 뇌의 전기 활동에 변화를 주면서 심리 상태를 불안한 쪽으로도, 안정된 쪽으로도 바꿀 수 있다는 것이 밝혀졌다.

명상 호흡은 우리가 눈앞의 위협에서 도주해야 했던 먼 과거에서나 먹혔을 적응 상태, 즉 과호흡에 빠져들지 않게 도와준다. 위험과 호흡은 밀접한 관련이 있다. 위험이 임박했다는 걸 감지하면 뇌는 폐와 횡격막에 신호를 보내 준비 태세를 갖추게 한다. 우리가 위험에서 도주할 때, 근육은 더욱 활발히 움직이고 근육 세포는 동화작용의 폐기물을 마구 쏟아낸다. 그중 가장 중요한 물질이 바로 이산화탄소다. 위험이 닥치면 우리는 폐에서 기체 교환 속도를 높이려고 과호흡을 한다. 그런데 근육의 움직임이 빨라지지 않은 상태에서 뇌가 호흡을 더 빨리하라는 신호를 계속 보내면 너무 많은 이산화탄소가 배출되고, 이 때문에 혈중 이산화탄소 양이 부족해질 수 있다. 이건 그 자체로 문제가 되는데, 특히 젊은 환자의 생명이 걸려 있는 수술을 하는 도중이라면 더욱 문제가 될 수 있다. 과호흡은 공포를 악화시켜 사람을 초조하고 신경질적으로 만들기 때문에 정말 집중해야 하는 상황에서 노선을 이탈하는 사태가 발생한다. 이 때문에 호흡을 조절하는 것은 곧 위기관리의 첫 단계다. 호흡 조절은 감정 조절 능력을 높여 일의 성과를 올려야 할 때 쓸 수 있는 가장 강력한 무기다.

내가 의사 수련을 하던 초기, 숙련된 외과 의사 중에는 수술용 마스크를 콧마루에 빈틈없이 고정시키려고 테이프를 눈 바로 아래 양쪽 뺨에 하나씩 붙이는 사람도 있었다. 외과 의사는 수술할 때 보석 세공사들이 쓰는 종류의 수술용 돋보기를 쓰는데, 이때 테이프를 마스크에 붙이면 수술 부담이 큰 상황에서 호흡이 거칠어질 때 돋보기에 김이 서리는 현상이 방지된다. 나도 한때는 테이프를 사용했지만 지금은 쓰지 않는다. 시야가 호흡으로 흐려진다면 내가 뭔가 잘못하고 있다는 뜻이다. 따라서 나는 이를 신호로 호흡의 속도와 깊이를 조절한다. 올바른 호흡 리듬을 찾아라. 그렇지 않으면 수술 성과를 잃고 환자 역시 고통받을 수 있으니.

리처드 앞에 서 있던 내 호흡은 다시 조절되었고 생각도 맑아졌다. 이제 내게는 마지막 선택지만 남았다. 마취과 의사에게 리처드의 심장 박동을 잠시 멈추도록 아데노신을 주입해달라고 부탁했다. 그는 잠깐 빈사 상태가 되겠지만 혈류량이 0으로 떨어져 클립을 끼워야 할 부위, 즉 혈액이 분출하는 동맥류의 맨 아랫부분을 제대로 볼 수 있다. 내 왼쪽 모니터는 리처드의 두피에 부착한 전극과 연결돼 있었고, 그의 리드미컬한 뇌파가 표시되었다. 가슴의 심전도 전극과 연결된 오른쪽 모니터에는 그의 맥박 리듬이 나타났다. 리처드의 심장 박동이 멈추었지만 뇌로 가는 혈류 공급은 아직 끊어지지 않은 그 순간이 내가 이제까지 경험한 가장 외로운 시간이었다. 하지만 그 순간 내게 한 번의 기회, 동맥류를 복구하기 위한 한 번의 선명한 시야가 확보되었다. 나는 클립 세 개를 빠르게 순서대로 끼워 혈관 벽을 복구했다. 혈액이 혈관으로 다시 들어오는 게 보였다. 다행히도 혈액이 더 이상 분출되지 않았다. 심장은 약물 주입으로 다시 박동하기 시작했고 리처드의 뇌파는 계속 리드미컬한 파동을 그렸다. 시각은 12시 50분.

어떤 수술은 기술적으로 극히 까다로워서 최고 명의의 솜씨마저 시험대에 오르게 한다. 또 어떨 때는 전례 없는 위기가 일어나 복잡한 상황을 던져놓는다. 어느 교과서에도 나와 있지 않고, 수술을 천 번 더 한다 한들 두 번 다시 보지 못할 수준의 까다로운 상황을. 이럴 때는 후디니Houdini(헝가리 출신의 탁월한 탈출 곡예사—옮긴이)가 구속복(폭력적인 죄수나 정신 질환자의 행동을 제압하려고 입히는 옷—옮긴이)을 입은 채 물탱크에 던져졌을 때 발휘했던 위기관리 방식이 필요하다. 시간은 똑딱똑딱 흐르고 외과 의사는 정확하고 능숙하게 조치해야 한다. 수술 중 언제라도 위험은 최고조에 이를 수 있다. 그런 상황에서는 스멀스멀 올라오는 공포를 진압하는 게 가장 중요하다. 공포는 가장 효과적인 판단과 가장 효과적인 전술을 쓸 수 있는 능력을 갉아먹기 때문이다.

수술이 끝난 후 리처드는 뇌를 회복하기 위해 중환자실 장비의 도움으로 수면 상태를 유지했다. 일주일 후 리처드를 조심스레 깨워보니 그는 신체적·정신적으로 양호한 상태를 보였다. 나는 그가 온전히 그 자리에 있음에 감사했다. 그는 몇 달 쉬면서 체력을 회복했고 이후 다니던 대학교에 복학했다.

요즈음에도 치명적인 질환을 가진 환자들이 나를 찾는다. 나는 이에 감사함을 느낀다. 내 기술로 다른 사람의 삶을 바꿀 수 있으니 그게 세상에 변화를 일으키는 방법이 아닐까? 나는 이런 순간이 두렵지 않다. 내가 최선을 다하는 순간이고 내가 최고 기량을 발휘하는 순간이라고 생각하기 때문이다. 진정한 성과는 결과가 정말 중요할 때, 즉 압박을 받는 상황에서 발휘되는 성과다. 손놀림만 좋아서는 안 되고, 일을 해결하는 강단이 있어야 한다.

20세기 초반 전설적인 신경외과 의사 하비 쿠싱Harvey Cushing은 이 점을 다음과 같이 표현했다. "사람의 역량은 스트레스를 받고 강한 책임을 느끼는 상황에서 교육의 껍질을 깨고 나와야 비로소 나타난다. 이때 이 사람은 자기 스승에 못지않은, 자기 자신도 놀랄 정도의 훌륭한 모습으로 변신할 수 있다." 위대한 성과를 내는 사람은 압박감에도 아랑곳하지 않는 사람이 아니다. 이들은 그저 압박감을 다스리는 방법을 터득한 사람들이다.

압박감을 다스리려면 준비가 핵심이다. 인터뷰에 응하기 전 신경을 안정시키려고, 또는 큰 공연 전에 마음을 다잡으려고 다양한 방법을 써본 적이 있다면, 아마도 마음속으로 하는 준비가 낯설지 않을 것이다. 스스로 처음부터 끝까지 할 일을 수행하는 모습을 상상해보는 기법도 도움이 된다. 마음속으로 해야 할 일을 연습해보면 실제로 할 때와 동일한 뉴런이 활성화되기 때문에 이런 기법은 효과가 있다. 바흐의 소나타를 한 음조 한 음조 치는 장면을 실제와 똑같이 상상해보면 실제 피아노를 연주할 때와 동일한 뇌 부위가 활성화되는 식이다.

나는 하고 싶은 일을 미리 그려보는 것도 중요하지만, 머릿속으로 위기 각본을 만들어서 상황이 악화되었을 때 어떤 대응을 취할지 사전에 생각해보는 것도 중요하다고 생각한다. 나는 잠들기 전 복잡한 상황에서 내 계획이 틀어지는 경우의 수를 상상한다. 이런 일이 발생할 때 어떤 방법을 써야 할까? 이런 상황에서 또 어떤 복병이 기다리고 있을까? 위험한 상황과 그 상황이 전개될 수 있는 다양한 방식을 미리 상상해보는 것은 가치 있는 일이다.

하지만 압박을 받는 상황에서 수행 능력이 진정으로 드러나는 것은 실제 위기에 직면했을 때뿐이다. 체슬리 설렌버거^{Chesley Sullenberger} 기장은 2009년 자신이 몰던 만석의 여객기가 뉴욕 상공에서 새 떼와 충돌한 후 양쪽 엔진이 모두 추진력을 잃자, 허드슨강에 비상 착륙해 승객을 모두 구조했다. 어떻게 그런 결단을 내렸을까? 압박을 받는 상황에서 뛰어난 능력을 발휘하는 사람은 두뇌의 어느 영역이 작동하는 것일까? 이들의 뛰어난 성과에서 배우고 적용할 수 있는 점은 무엇일까? 이런 질문에 답하려면 해부학과 생물학적 지식만으로는 충분치 않다. 뇌의 전기 생리를 자세히 들여다볼 필요가 있다.

뇌 속의 숨은 오케스트라

놀랍게도 우리가 생각을 인식하기 전에 생각이 일으키는 전기 활동이 감지된다고 한다. 포르투갈 태생의 작가 페르난두 페소아 Fernando Pessoa는 1935년에 사망한 후 50년 만에 출간된 《불안의 책》에서 다음과 같은 생각에 잠겼다. "나는 내 안에 있는 악기가 무슨 소리를 내는지, 바이올린, 하프, 드럼, 작은 북이 내 안에서 어떻게 울리는지 모른다. 내 자신은 그저 교향악단이다." 이제 우리는 안다. 페소아가 말한 내면의 교향악단은 모든 생각과 감정, 행동의 기반을 형성하는 뉴런 간의 소통이자 전기 화학 신호라는 것을. 이들은 복잡하게 구성된 오케스트라다. 오케스트라 단원이 함께 악기를 연주하는 것처럼 여러 개의 뉴런이 동시에 발화하면 이 전기 활동이 뇌파, 즉 진동으로 나타나고, 이들 뇌파는 총 방전량의 진폭과 주파수를 통해 측정되어 분류된다.

　뇌에는 다섯 가지 각기 다른 유형의 뇌파가 있지만 이들 뇌파가 동시에 생성될 경우 그 출력은 무제한이다. 1헤르츠는 초당 한 번 진동함을 뜻한다. 뇌파의 범위는 0.5헤르츠에서 35헤르츠까지다. 이 중 델타파가 가장 느린데, 우리가 깊은 잠에 빠져 꿈을 꾸지 않을 때 발생한다. 델타파 다음으로 느린 세타파는 우리가 공상을 하거나 깊은 명상에 잠길 때 발생한다. 알파파는 8헤르츠와 12헤르츠 사이로, 편안한 상태에서 아무데도 집중하지 않을 때 나온다. 베타파는 두 번째로 빠른 뇌파로, 깨어 있는 상태에서 긴장하고 있을 때 나온다. 감마파는 30헤르츠 정도로 진동하는 가장 빠른 뇌파로, 우리 뇌가 정보와 학습을 처리할 때 발생한다. 경기장 밖에서 함성을 녹음할 수 있는 것처럼 뇌전도를 이용하면 두개골 밖에서 '숨은 오케스트라'를 감지할 수 있다. 뇌전도는 좋은 측정 도구지만, 이 오케스트라의 구성 물질이나 요소에 관해 많은 걸 알려주지는 않는다. 그러나 이 도구는 다른 측면에서 우리에게 많은 점을 알려준다. 바로 구성 요소가 함께 힘을 이루어내는 성과를 보여준다.

알파파는 독일 정신과 전문의 한스 베르거Hans Berger의 이름을 따서 베르거파라고도 불린다. 1924년 베르거는 종양 제거술을 받은 후 두개골에 구멍이 생긴 10대 환자의 상처 근처에 전극을 부착했다. 그는 이 전극을 검류계에 연결했는데, 이 장치는 두뇌 활동을 뇌파로 바꾸어 인화지에 기록한다. 이렇게 뇌전도가 탄생했다. MRI와 CT 스캔 같은 새로운 영상 기술이 출현했지만 검류계만이 가능한 중요한 역할이 있다. 바로 마음의 독특한 이야기를 전해주는 뇌의 전기 생리 활동에 관한 포괄적인 에너지 현상을 감지하는 역할로, 뇌 스캔으로는 이를 알 수 없다.

뇌와 관련된 에너지와 전기 이야기는 생물학자에게 들을 법한 소리는 아닌 것 같지만, 사실 이들 용어는 꽤 정확한 표현이다. 로마인들이 전기가오리과의 검은 물고기 토르페도^{torpedo}에서 나오는 전기를 이용해 편두통을 치료한 이후로 뇌는 전기 활동을 하는 기관으로 익히 알려졌다. 뇌에서 생성되는 총 전하를 이용하면 전구 하나를 켤 수 있을 정도는 된다. 하지만 뇌는 전구처럼 켜졌다, 꺼졌다 하는 기관이 아니다. 우리 뇌의 신호는 톤, 변화 그리고 흐름으로 정의된다. 생각은 전구에 불이 들어오는 상태가 아니라 전기 에너지의 흐름이다. 물고기 떼가 나선 모양으로 아름다운 고리를 만들며 헤엄치는 모습, 찌르레기 무리가 공중제비를 돌듯 거의 뒤로 구르듯이 날아갔다 다시 돌아오는 모습과 비슷하다고 볼 수 있다. 물고기나 새 한 마리의 움직임만을 생각한다면 전체 그림을 놓치게 된다. 생각은 개개의 뉴런 발화를 훨씬 넘어서는 현상이다. 뉴런 하나는 사막에 불과하다. 뉴런 두 개는 전기를 흐르게 할 수 있다. 뉴런 천억 개는 형언할 수 없는 위대한 일을 한다. 뇌파가 바로 그것이다. 뇌파는 평온해 보이는 해수면 아래에서 일어나는 해류, 즉 조수의 움직임이다. 뇌파는 의식이고, 뇌파는 우리의 마음이며, 그건 바로 우리다.

사람이 한 가지 활동에 완전히 몰두해 있을 때 몰입 상태에 있다고 한다. 그때는 시간이 흐르는지도 모르고, 주변도 의식하지 않는다. 살면서 부딪치는 온갖 산만한 요소에서, 또 심지어는 자기 자신의 감각이나 자아의식에서도 해방된다. 그리고 몰입 상태에서 우리의 성취는 날개를 단다. 미하이 칙센트미하이^{Mihaly Csikszentmihalyi}는 몰입의 개념을 "사람이 뭔가에 완전히 빠져 있을 때 느끼는 총체적 감각"이라고 설명한다. 그는 본인의 저서 《몰입의 기술》에서 몰입은 최고의 즐거움, 정열적인 집중, 창의적인 전념을 나타낸다고 썼다. 몰입 상태에 있을 때 우리는 일시적으로 전전두엽의 작업 지향적 행동에 관여하지 않는다. 효율성을 따지지 않고 생각과 감정을 덜어내면 자신이 하는 일에 푹 빠질 수 있게 된다.

우리 뇌는 의식이 있는 상태에서 휴식하는 상태일 때 알파파를 생산한다. 이때 뇌는 중립 기어 상태에서 쉬고 있는 엔진처럼 특정 작업에 개입하지 않는다. 이런 알파파는 기상 직후, 또는 특별히 아무 생각도 하지 않을 때 나온다. 알파파는 창의력과 아이디어, 영감과 관련이 있다.

수술을 하다 보면 걷잡을 수 없이 막막함을 느끼는 순간이 있다. 이때는 위협은 존재하지만 그래도 여전히 대응할 시간은 있는 상태다. 암이라는 질환에서는 육체와 질병이 수많은 방식으로 한데 섞인다. 환자를 어려운 순간에서 끄집어내려면 즉흥적인 대응이 필요하다. 개개의 독특한 상황에 대처하려면 알파파와 창의력이 필요하며, 우리가 여러 상황을 만나 시도하는 방법은 긍정적·부정적 결과를 낳을 수도 있고, 상황을 막다른 궁지로 내몰 수도 있다. 마치 '네가 떠날 모험은 스스로 선택하라'고 말하는 책과도 같다. 의사의 선택과 이들이 다양한 장애물에 대처하는 방식에 따라 환자의 생사 여부가 결정될 뿐 아니라, 이들이 저지른 실수의 대가로 환자가 얼마나 손상을 입을지도 결정된다. 백미러를 통해서만 실수가 보일 때도 있다.

칙센트미하이는 몰입을 설명하면서 "최고의 순간은 보통 사람의 몸이나 마음이 자발적인 노력으로 뭔가 어렵고 가치 있는 목표를 달성하려고 그 한계까지 다다랐을 때 일어난다"고 썼다. 개인적으로 내 경우는 여기에 위험이 추가된다. 무서운 영화가 주는 해롭지 않은 공포와 실제 공격당하는 진짜 공포 사이 그 어딘가에는 내가 좋아하는 공간, 즉 내 다른 쪽을 깨우는 전율이 존재한다.

머릿속을 파고드는 생각을 저지하고 집중력을 발휘해야 하는 도전을 받아들이면 시간에서 벗어나 고요한 상태로 들어갈 수 있다. 나는 수술 중에 이런 상태를 맞는다. 최고 수준의 기량을 발휘하는 것은 불협화음을 교향곡으로 바꾸는 일과 비슷하다. 이때 우리는 몰입을 달성하지만 몰입 자체가 목표는 아니다. 몰입은 그 자체로는 해결책이 아니지만, 몰입을 이용해서 위기 상황에서 벗어나기 위한 마음가짐을 만들어낼 수 있다. 몰입은 압박 받는 상황에서 클러치를 움직이는 묘약이다.

나는 수술 중 몰입이 될 때 환희가 느껴진다. 위험한 수술이 성공적으로 끝나면 즉시 안도감이 들고, 그 이후에는 모든 뇌 화학물질이 분출되고 난 후에만 경험할 수 있는 고요가 찾아든다. 깊은 고요이자 일종의 행복감. 이 에너지는 모든 것을 포용한다. 여러 해 동안 절대적인 최고의 기량을 발휘할 수술 기회를 찾아 나서는 일이 나를 움직이는 원동력이었다.

3

자아

나를 나로 만드는 것은 무엇인가

중환자실에 있는 그 환자에게 다가가자, 그는 눈
짓으로 침대 발치를 가리켜 그쪽을 보라고 했다. 침대 모서리 양
쪽 시트가 완벽하게 안으로 접혀 들어가 팽팽하게 당겨져 있었
다. 마치 투숙객이 눕지 않은 호텔 침대 같았다. 이미 예상한 장면
이었지만 정말로 그 모습을 보니 당황스러웠다. 다시 침대 머리
맡을 바라보니 침대 중간쯤부터 이 환자의 몸이 보였고, 그의 갈
비뼈가 병원 이불 아래에서 오르락내리락하는 모습이 눈에 들어
왔다. 이 환자는 몸통과 머리밖에 없었다. 살아 있는 심폐소생술
교육용 마네킹처럼.

이 환자는 하반신 절단술을 받은 상태였다. 그의 허리 아래 몸
전체가 절단되어 있었다. 다른 외과 팀이 그의 엉치뼈와 생식기,
다리를 톱으로 잘라 제거했다. 나는 여기에 마지막 타격을 가할
외과 의사였다.

중환자실은 로스앤젤레스 국제공항과 똑같이 말단 부분이 바깥쪽으로 퍼져 있는 말굽 모양이었다. 간호사는 현명하게 이 환자를 통행량이 가장 적은 맨 끝 침대에 눕혔다. 환자를 만났을 때는 수술이 끝난 다음 날이었고, 엄청난 양의 모르핀이 신체적·감정적 고통을 덜어주려고 투여되고 있는데도 환자의 얼굴에는 고통의 기색이 역력했다. 그는 입술 양 끝은 올라가다 만 뚱한 표정을 짓고 있었다. 정맥주사로 많은 양의 마약성 진통제를 맞은 환자에게서 종종 나타나는 현상이었다.

　　나는 이 환자의 침대로 다가가 수술 후 남겨진 그의 몸을 살폈다. 한 사람의 존재, 즉 자아는 몸, 마음 그리고 그 사람이 스스로 만들어내는 자전적 서사의 조합이다. 그와 눈이 다시 마주친 순간, 과연 이 사람이 처음 만났을 때 그 사람이 맞는지 의아했다. 나 또한 그때의 내가 맞는지 모를 일이었다. 우리는 서로 아무 말도 하지 않았다.

　　나는 이 환자를 천천히 보러 가기로 했다. 아들을 학교에 데려다주어야 했고, 병원에서 전화가 없는 걸로 보아 위급한 상황이 없었다고 판단했기 때문이다. 내가 갔을 때는 그날 아침 이미 의사들이 줄줄이 다녀간 후였다. 나는 시간을 두고 기다린 후 다음 날 아침 환자의 약 기운이 좀 사라지고 우리 둘 다 그에게 벌어진 일과 내가 할 역할을 생각할 시간적 여유가 생길 때 그와 얘기를 나누기로 마음먹었다.

수술 계획은 이론적으로는 말이 되었다. 암 덩어리를 모두 도려내면 환자의 생존 가능성을 높일 수 있다. 암을 치료하려고 사지를 자르는데 양쪽 다리와 골반을 절단하는 게 뭐 어떻단 말인가? 이런 잔인한 방식은 런던에서 활동하던 외과 의사 윌리엄 샘슨 핸들리William Sampson Handley가 소위 '림프절 원격 전이' 이론을 내놓은 이후 1세기 이상 지속되었다. 핸들리는 이 이론을 통해 암은 원발 지점에서 전이되기 때문에 수술을 통해 암 덩어리를 가능한다 제거하면 환자를 치료할 수 있다고 주장했다. 그 전 세대 의사들은 암을 치료할 수 없다고 생각한 히포크라테스Ιπποκράτης와 클라우디오스 갈레노스Κλαύδιος Γαληνός의 가르침을 따랐다.

핸들리의 이론을 받아들인 미국 외과 교수 윌리엄 스튜어트 할스테드William Stewart Halsted는 유방암 치료를 위해 암 부위를 크게 절개한 다음 유선을 도려내고 가슴근과 근처의 림프절을 모두 잘라내는 극단적 수술 방법을 개발했다. 이렇게 극단적인 절제술은 환자의 생존율은 높였지만, 이후 환자가 이어갈 삶의 질은 잘 고려하지 않았다. 현재 이런 식의 수술은 거의 이루어지지 않는다.

하지만 암 덩어리를 향한 충동은 사라지지 않았다. 필요한 어떤 방법을 써서라도 몸에서 암 덩어리를 제거하고 싶다는 충동 말이다. 이런 현상은 외과 의사뿐 아니라 환자에게도 보인다. 의사가 수술을 해도 아무 소용이 없다고 말해도 환자들은 이렇게 간청한다. "제발 제 몸에서 암 덩어리를 없애주면 안 되나요?" 그들은 해방되고 싶어 한다. 암의 점령에서 벗어나 다시 인간이 되게 해달라고 사정한다.

보통 수술을 할 때 나는 환자와 미리 대화를 통해 합의를 본 방식을 택한다. 방식은 환자마다 다르다. 외과 의사가 진료를 볼 때 환자와 소통해서 나아갈 방향을 결정하기에는 시간이 한정되어 있다. 환자는 의사의 기운을 읽는다. 만약 의사가 처음 몇 분 안에 환자와 소통하지 못한다면 소통은 물 건너간 것이다.

나는 환자에게 이렇게 얘기한다. "환자분은 본인의 인생을 이끄는 운전사입니다. 환자분 몸 안에서 무슨 일이 일어나고 있는지 사진을 보여드리겠습니다. 통증이나 기능 마비로 힘든 이유가 바로 여기에 있을 겁니다." 나는 이쯤에서 좀 여유를 가지고 25인치 모니터에 나타나는 이미지에서 환자의 이름과 생년월일을 가리키며 분명한 어조로 말한다. "이건 환자분 사진입니다." 나는 환자에게 보여주는 사진이 스톡 사진(사진 전문가가 광고나 마케팅 용으로 만든 이미지—옮긴이)이 아님을, 이건 당신의 몸이고 당신 안에 있는 암 덩어리라는 사실을 알려주려 한다. 나는 이런 식으로 각 환자에게 맞춤식 진료를 한다. 환자에게 종양을 보여주고 이 조직 덩어리가 우리 생각대로 따라주지는 않을 거라고 주의를 준다. 암은 활동하면 안 된다는 생물학적 프로그래밍을 어긴, 자신만의 흉악한 정체성을 지닌 독립적인 개체다.

이렇게 말을 뗀 다음 나는 환자의 대처 방식을 본다. 어떤 환자는 매달 싸워나가고, 어떤 사람은 우아하게 퇴장하는 방법을 찾는다. 어떤 환자는 비교적 작은 수술을 택하고 어떤 사람은 아예 발길을 끊는다. 어떤 사람은 수술을 받기로 하고 감사를 표하며 어떤 사람은 너무 부담이 큰 수술을 택했다고 후회한다. 나는 그들과 함께 기로에 서 있지만 모든 환자는 자신이 운전사임을 알고 있다. 나는 어디까지나 정보를 주고 설명하는 사람이다. 운전대는 환자들이 쥐고 있고, 이들은 암 진단이라는 어마어마한 공포와 불확실성 속에서도 자신의 삶을 탐색해 나간다. 그들이 보여주는 회복탄력성은 예상외로 높다.

희망에 가린 수술의 대가

하반신 절단술을 받은 환자는 골반에 암이 있었고, 하반신을 절단하기로 한 결정은 환자와 내가 단 둘이 한 결정이 아니었다. 여러 과의 전문의가 한 팀으로 모인 병원의 종양위원회에서 내린 결정이었다. 이 다학제 진료팀은 그의 암을 제거하려고 공격적인 수술 절차를 고안했다. 종양을 도려낸 후 방사선 치료와 항암을 거치는, 말하자면 미식축구의 헤일 메리(경기 시간 막판에 버저 비터를 노리고 먼 거리에서 필사적으로 던지는 슛—옮긴이)와 비슷하게 승산은 별로 없지만 마지막으로 해보는 절박한 치료였다. 이 치료 절차의 마지막 단계는 잡초를 뽑은 후 잔디밭에 제초제를 뿌리는 일과 동일한 단계로, 남아 있는 씨는 다 박멸하자는 목표로 진행된다. 이 씨는 물론 암세포다.

종양위원회 회의에서 다학제 진료팀이 이 방법을 고안했을 때 나는 아무 얘기도 하지 않았지만, 침묵은 곧 참여하는 데 동의한다는 의미였고 나는 공모자가 되었다. 내가 할 역할은 기술적으로 어렵지 않았고 나는 말없이 동의했다. 환자의 바람을 존중하고 싶었지만 그 당시는 환자도 나도 하반신을 절단하는 것이 너무나 큰일임을 실감하지 못했다.

이상한 일은 암이 꽤 진행되었을 때도 의사가 환자와 논의할 때 '치료'라는 말을 입에 올린다는 것이다. 10퍼센트의 확률이라도 의사는 환자에게 생존 가능성이 있다는 말 이외에는 일절 다른 말을 하지 않고, 환자는 복권에 당첨되려면 치러야 할 대가가 어느 정도인지 정확하게 헤아리지 못한다. 한 줄기 희망이 눈앞에 보이면, 환자는 생존 확률 이외에는 어떤 것도 보지 못한다.

아무리 끔찍한 상황에 있어도 희박한 생존 가능성이 제시되면 희망이 생긴다. 대부분의 진행성 암과 뇌종양은 이런 기회를 가질 일말의 가능성조차 없다. 이런 암은 치료가 불가능하다. 암이 이미 퍼져 다른 장기에 전이되었기 때문이다. 환자는 수술로 시간을 벌면서 침입자에게 반격할 기회를 노릴 뿐이다. 앞에서 소개한 환자의 암은 다른 곳으로 퍼지지 않은 상태였고 그래서 그는 보기 드문 기회, 즉 수술로 암을 치료할 기회를 확보했다. 하지만 살아남으려고 환자는 '광범위 절제술(암 수술 시 재발 방지를 위해 종양을 포함한 주변 부위를 넓게 도려내는 것—옮긴이)'을 감내해야 했다.

수술 전에 이 환자는 엉덩이 통증 때문에 보행기의 도움을 받아 혼자서 여기저기 돌아다니고 있었다. 그는 수술에 대한 기대가 컸고 일종의 인지 부조화(심리적으로 일치하지 않는 두 가지 인지를 가지게 되었을 때 생겨나는 긴장 상태—옮긴이)를 겪고 있었다. 치료 성공 확률이 10퍼센트라는 말은 치료가 실패할 확률이 90퍼센트라는 뜻인데, 대부분의 환자와 마찬가지로 그는 오직 10퍼센트의 성공 확률만 보았다. 그가 곧 받게 될 수술을 단지 '극단적'이라고 설명하는 것은 수술 후에 그에게 찾아올 파장을 나타내기에는 충분치 않았다. 하반신 절제술은 다른 수술과 비교해도 훨씬 더 많은 신체 부위가 사라진다. 신체의 하반신을 대신할 수 있는 보형물도 전혀 없다. 고려할 수 있는 것은 환자가 똑바로 앉을 수 있도록 도와주는 버킷 시트bucket seat(등받이가 깊어 몸을 감싸주는 형태의 의자—옮긴이) 정도밖에 없다. 이렇게 극단적인 수술이라는 걸 안 이상 어떻게 환자가 쉽게 동의할 수 있겠는가? 생명 연장은 중요하지만, 이를 위해 환자는 얼마나 큰 대가를 치러야 하는가? 하지만 환자나 다학제 진료팀의 의사나, 수술 후 환자가 이어갈 삶의 질을 이야기하는 데 많은 시간을 들이지 않았다.

수술이 진행되기 전 모든 과정에서 이 환자는 이상한 짜릿함을 느꼈다. 의사 네 명으로 이루어진 팀이 그를 찾아와서 오직 그가 암과 '싸우도록' 돕는 데 전념하겠다고 약속했다. 그는 소셜 미디어에 자신의 여정을 자세히 기록했다. 하지만 수술 이후로는 게시물을 올리는 걸 중단하고 더 이상 자신의 소식을 알리지 않았다.

미국의 외과 의사 프레더릭 크레들Frederick Kredel은 1950년, 딱 이 환자의 사례처럼 암세포가 골반에만 머물러 있고 원격으로 전이되지 않은 진행성 암에 대해 하반신 절제술을 제안했다. 크레들은 이 수술에 '반절제술halfectomy'라는 지금과는 다른 이름을 붙였다. 수술 최초 시도는 이후 10년 뒤에 이루어졌다. 이 수술은 정해진 법칙이 없고, 상황에 따라 성공하면 영웅적 행위가 되고 실패하면 교만한 시도가 되기 때문에 현재도 드물게 진행되는 위험한 수술이다.

수술이 진행되는 동안 복부 담당 외과 의사는 환자의 장 말단을 고리 모양으로 묶고 이 끝부분을 배꼽 근처 피부에 뚫은 구멍으로 빼냈다. 환자의 신장에서 소변을 배출하려고 플라스틱 튜브를 삽입했고 그의 생식기를 잘라냈다. 다음은 내가 투입할 차례였다. 환자의 척추를 반으로 자르는 것이 내 임무였다. 이 환자의 하반신을 완전히 분리하려면 척추뼈와 그 안에 있는 뇌의 꼬리인 척수를 해부해서 분리한 다음 척수를 묶어야 한다. 이 과정은 기술적으로 간단하지만 수술에서 가장 중요한 부분이었다. 척수를 묶으면 그 안에 든 뇌척수액, 즉 뇌 자체에서 만들어진 체액이 흘러나오는 걸 막을 수 있다. 이후 척수가 분리되는 순간, 이 사람은 영원히 자기 자신과 분리된다.

수술은 성공적이었다. 환자의 하반신과 함께 암 종양이 제거되었다. 그는 살아났다. 그의 심장은 혈액을 펌프질했고 폐는 공기를 들이마셨고 생각은 지속되었다. 어쨌든 그는 이론대로라면 웃고 사랑하고 의미 있는 관계를 이어갈 수 있었다. 그런데 어떻게 신체의 절반을 잃었다고 자아의식이 바뀐다는 것일까?

브라질의 한 간호학과 학생은 사지 절단술을 받은 환자 13명과 시간을 함께 보내며 수술 전과 후를 관찰했다. 그는 수술로 팔이나 다리를 잃은 후에 환자들이 겪은 경험을 "불완전한 삶"이라 표현했다. 이 학생이 관찰한 환자들은 팔이나 다리가 잘린 후 새로운 현실과 싸우며 괴로운 나날을 보냈다. 이들은 논리적으로는 절단술이 필요했다는 사실을 이해했지만 감정적으로는 그 상실감을 받아들이지 못했다.

하반신 절단술을 받은 어느 31세 환자는 자신의 경험을 절절하게 글로 남겼다. 자신을 그냥 'P씨'라고 칭한 이 환자는 차량 밖으로 튕겨 나간 사고를 겪은 후 18세의 나이에 전신이 마비되었다. 이후 10년에 걸쳐 생명을 위협하는 욕창이 생기는 바람에 하반신을 잘라내야 하는 극단적 결단을 내릴 수밖에 없었다. 수술 이후 그는 새로운 자아와 타협하기 위한 시도로 개인적 심경을 토로하는 에세이를 썼다.

그날 밤 가만히 헤아려보니 생각만큼 앞날이 어두운 것 같지 않았다. 내 옛 정신적 자아는 새로운 육체적 자아와 대면했다. 나의 육체는 이제 내가 두려워한 죽음이 아니라 내가 포용하는 미래였다. 나는 손을 가슴 아래로 떨구어 배꼽과 배 그리고 등을 만져보다 손을 다시 들어올리지 못했다. 깜짝 놀라 이불을 젖히고 베개에서 머리를 일으켰다. 내 몸의 끝이 보이지 않는다. 내 팔은 아무것도 없는 허공으로 뻗어 있다. 머릿속이 멍해졌다. 이 상실감을 말로 표현할 길이 없다. 눈물에 젖은 채 이불을 놓고 머리를 떨어뜨린다. 내 육체적 자아는 이제 더 이상 문제가 되지 않는다······.

1950년 하반신 절단술이 고안된 이후 이 수술을 받은 소수의 환자 중 어떤 이들은 새로운 목적의식을 갖고 다시 태어났다. 어떤 환자는 박사과정에 들어갔고, 또 어떤 환자는 본래 하던 일에 여전히 종사하고 있다는 기록이 있다. 안타깝게도 나는 절단술을 받은 내 환자가 퇴원한 이후 다시는 그의 얼굴을 보지 못했다. 내 역할은 끝났고 일반외과 의사가 그의 진료를 맡았기 때문이다. 그래도 나는 그의 회복 과정을 살펴보았다. 그는 사는 걸 힘겨워하고 있었고, 진료 기록을 확인해보니 퇴원하고 몇 달 후 극심한 우울증과 자살 생각으로 병원에 입원해야 했다. 후회가 막심했다. 외과 의사는 수술이 가져올 심리적인 문제를 고려하지 않는 편이지만, 이 환자의 사례는 뇌리에서 결코 떠나지 않았다. 그 이후부터 나는 수술이 자아의식에 끼칠 수 있는 영향을 반드시 환자와 함께 의논한다.

자아, 뇌에서 살아 숨 쉬는 우주

인간의 뇌는 주변 세계뿐 아니라 신체 안에서 일어나는 일을 감시할 수 있는 수준으로 진화했다. 우리는 날카로운 유리 조각을 밟았는지, 심장이 뛰는지, 자신이 현재 배고픈지 아니면 추운지 스스로 감지하게끔 만들어졌다. 뇌는 우리의 다른 신체 부위와 끊임없이 대화를 나눈다.

뇌는 심지어 자기 활동도 스스로 감시하고 조절한다. 이 모든 과정은 따로 노력이 필요하지 않고 자동으로 이루어진다. 자신의 신체 위치를 파악하는 지각 행위를 고유 수용성 감각이라고 한다. 자신의 심리적 상태를 인지하는 활동은 내부 수용 감각이라고 하며, 여기에는 감각 자체뿐 아니라 감각이 어떻게 해석되고 통제되며 그 감각에 따라 어떤 행동을 하는지 등의 정보가 들어 있다. 내부 수용 감각은 자신의 감정과 정서를 알아차리는 것이기에 인간다움의 핵심이다.

내부 수용 감각에 문제가 생기면 심각한 파장이 이어진다. '제노멜리아xenomelia'라고 하는 '남의 사지' 증후군을 가진 사람은 자신의 팔다리 중 한 개 이상이 자기 것이 아니라고 생각한다. 제노멜리아로 고통받는 사람들은 이런 생각에 강하게 사로잡히고, 문제의 사지를 잘라내려고 수술을 원하기도 한다. 이 같은 이유로 이 증상은 한때 '아포템노필리아apotemnophilia(절단 도착증)'라고 불렸다. 그렇다고는 해도 제노멜리아를 겪는 사람들은 자신이 남의 팔다리로 산다는 믿음을 숨긴 채 정상적인 생활을 할 수 있다.

프랑스 철학자 모리스 메를로퐁티Maurice Merleau-Ponty는 우리 몸이 "세상을 경험하기 위한 일반 매개체"라고 말했다. 그는 걷거나 신발을 신던 몸으로 생활하다 갑자기 다리가 없어지면 기존의 몸과 현재의 몸 사이에 단절이 생긴다고 말했다. 몸이 세상을 경험하기 위한 매개체라면 그 세상을 분류하는 일은 뇌에게 달렸다. 기존의 자아의식과 현재의 자아의식이 일치하지 않는다면, 우리는 일종의 유령 자아, 즉 옛 자아가 여전히 존재한다는 믿음을 경험하는 것일까?

나는 자라면서 한 번도 외과 의사가 될 거라고 생각한 적이 없다. 의학전문대학원과 수련 과정을 함께 거친 많은 동기들과 달리, 나는 어린 나이부터 의사가 되겠다는 생각을 품고 이 길에 열정적으로 매달린 사람이 아니었다. 로스앤젤레스에서 어린 시절을 보내면서 스스로 출세한 모습도 상상해본 적이 없었다. 나는 성공할 만한 인물이 전혀 아니었다. 이후 나는 캘리포니아대학교 버클리 캠퍼스를 건성건성 다니다 중퇴하고, 버클리의 한 카페테리아에 경비로 취직했다. 경비원 제복을 입은 나는 학교 동기들이 이곳에 와서 밥을 먹고 학업적으로 발전하는 모습을 지켜보았다. 내 학업의 길은 틀어진 듯했다.

의사가 되려고 대학교에 복학하기로 마음먹었을 때 학교의 진로 지도 담당자는 내게 시간 낭비를 하는 거라고 충고했다. 모두들 내가 학업적으로 너무 뒤처져 있어서 우수한 성적을 올리기에는 역부족이라고 입을 모았다. 하지만 사우스로스앤젤레스의 컴튼커뮤니티칼리지에서 나만의 독특한 학업 여정을 마치고 나니 대학교, 의학전문대학원, 석사 학위 그리고 갈망하던 수술실 자리까지 미래의 모든 계획이 현실로 구체화되었다.

나는 아버지이자, 외과 의사고, 로스앤젤레스 거주자다. 이게 내 정체성이다. 그런데 내 **자아**는 어떠한가? 나는 내가 인간으로서의 환자의 권리를 무엇보다 우선시하는 사람으로서 필요할 때

통념에 도전하는 일, 시대의 조류에 역행하는 일을 두려워하지 않는다고 생각했다. 하반신 절제술에서 내 역할 때문에 정말 괴로웠던 이유는 바로 이 때문이었다. 나는 경험이 많은 외과 의사였고 덜 극단적인 방법을 주장할 수 있었는데도 '다학제 진료팀'이 제안한 방침 때문에 집단의 결정에 끌려가는 덫에 빠져버렸다. 나는 이 다학제 진료팀이 내가 신성시하는, 환자와 맺은 관계를 침해해도 그걸 그냥 방관했다. 나 스스로가 변절자처럼 느껴졌는데도 나는 묵묵히 집단의 결정을 따랐다. 내 현재의 자아는 기존의 자아와 불화를 일으켰고, 이 때문에 나는 내적으로 판단 실수를 범했다.

인생을 살면서 우리의 자아감, 즉 가장 근본적인 수준에서의 우리의 모습은 쉽게 변하지 않는다. 그렇다고 우리가 깊이 배우고 성장할 수 없다는 말은 아니다. 그런데 이런 강력한 고유의 자아의식을 제공하는 주체는 무엇일까? 과거 오랫동안 이 문제의 답은 영혼이었을 것이다. 하지만 20세기 과학의 발전을 통해 우리는 뇌가 유일한 답임을 이해하게 되었다. 신경철학자 퍼트리샤 처칠랜드Patricia S. Churchland는 다음과 같이 밝힌다. "시간이 흘러도 변하지 않는 자아의식과 존재 의식, 개성을 창조하는 곳은 우리의 뇌다." 우리의 자아의식은 뇌섬엽insula이라는 뇌 부위에서 발생하며, 이곳은 물결 모양의 유백색 신경 다발로 이루어진 판개 안에 들어 있다. 판개는 섬엽을 덮고 있는 주변 피질로, 인간이 진화하면서 극적으로 부피가 커져 두개골 안에서 마치 아코디언처럼 접혀 있는 독특한 구조를 띠게 되었다. 뇌섬엽이라는 단어는 라틴어의 '섬island'에서 나온 말로, 원시 뇌가 대거 팽창할 때 이 섬은 이성적 추리와 감정의 능력을 제공하는 전두엽과 측두엽 사이에 조용히 끼어 드러나지 않았다. 뇌섬엽은 이렇게 뇌 속에 숨어 우리의 내적 자아를 숨기고 있다.

　대부분의 인간 역사에서 뇌는 수수께끼투성이였고 뇌의 작동을 설명하는 일은 철학자들만의 영역이었다. 19세기 후반에 가서야 위대한 두 지성인이 인간의 뇌를 진화하는 환경과 생태계로 볼 기회를 선사했다. 철학자이자 심리학자인 윌리엄 제임스William James는 인식을 "생각의 흐름"이라 했고, 신경생물학자인 산티아고 라몬 이 카할Santiago Ramón y Cajal은 현미경으로 뉴런을 보고 "우리 영혼의 신비한 나비"라고 묘사했다. 제임스와 카할은 뇌를 전선에 비유하는 대신 뇌를 살아 있는 우주로 이해할 깊이 있는 통찰력을 보여주었다. 우리가 살아 있는 동안 이 우주 안에서는 줄기세포의 초기 분열 단계에 뉴런이 탄생하고 이들 줄기세포의 운명은 우리 생각과 정서, 의도에 의해 정해진다. 오늘날에도 이 기본

개념은 진실이며, 특히 환자가 깨어 있는 상태에서 진행되는 뇌 수술은 우리 마음의 생태를 더 깊이 통찰할 기회다.

뇌 수술에서 자아의 보호자인 뇌섬엽이 직접적으로 위험에 처하게 되는 경우가 있다. 한번은 희귀한 혈액암을 앓는 환자가 나를 찾아왔다. 백혈병의 일종인 림프종을 앓는 환자였고, 중앙 신경계에 암이 생겨 방사선 치료를 받았음에도 전혀 차도가 없었다. 암은 환자의 혈액에서 뇌로 전이되어 있었다. 내 임무는 가능한 모든 암 덩어리를 수술로 제거하는 일이었다. 문제는 뇌섬엽 옆에 있는 종양의 위치였다.

수술로도 뇌섬엽까지 들어가는 건 쉽지 않다. 뇌 속 혈관은 전선 코드처럼 깔끔하게 정리되어 있는 것이 아니라 배치가 복잡하고 구불구불하며 사람마다 조금씩 모양이 다르다. 만약 의사가 도구를 능숙하게 놀리지 못한다면 이런 미세 혈관이 찢어질 수 있다. 의사는 우거진 나뭇잎을 헤치고 깊숙한 곳에 있는 두꺼운 가지를 찾는 것처럼 위에서 아래 방향으로 수술을 진행한다. 뇌섬엽에 진입하려면 전두엽과 측두엽을 분리해야 한다. 두 엽 사이의 공간은 서로 겹친 혈관과 지주막의 약한 인력에 의해 서로 붙어 있다. 지주막은 거미줄과 모양이 비슷한, 결이 고운 유백색 막이다. 수술대는 환자의 머리가 발보다 낮은 위치에 오도록 한

쪽으로 기울어 있었다. 이 막을 헤치니 두 개의 엽이 중력의 부드러운 힘에 이끌려 나뉘며 떨어졌다.

그 안에 종양이 있었다. 종양은 보지 않을 수 없는 모습을 띠고 있었다. 외관이 둔탁하고 윤기가 없었으며, 건강한 뇌 조직에서 발하는 광채가 보이지 않았다. 수술에서 가장 힘든 과정은 이 종양 덩어리 아랫부분을 떼어내는 일이었는데, 종양의 가장 깊은 부위가 뇌섬엽 안에 떡하니 자리 잡고 있었기 때문이다. 가장 어려운 시점은 피로가 스멀스멀 올라올 수 있는 수술 마지막 부분에 찾아왔다. 나는 손잡이가 긴 다루기 까다로운 메스로 종양과 뇌섬엽 사이에 평평한 면을 만들었다. 수술은 몇 시간에 걸쳐 진행되었고, 엄밀히 말해 잘 끝났다.

그다음 날에는 회진 중 살펴볼 환자가 일곱 명 있었다. 나는 이 환자에게 가장 먼저 들렀다. 나는 수술 후 항상 상태가 가장 나쁜 환자부터 회진을 돌고, 수술도 상태가 가장 나쁜 환자부터 시작한다. 그 전날 이 환자 뇌 깊은 곳에서 **자아**를 정의하는 뇌섬엽을 보았고, 또 그 부분을 수술했기 때문이다. 내가 그 섬에 간 것은 물론이고, 그 섬에서 독을 빼내기까지 했으니까.

이 환자의 병실에 도착해보니, 환자의 발은 평면 TV가 걸려 있는 벽 쪽을 향해 있었다. 나는 환자 왼쪽으로 다가갔고 그는 나를 보자마자 반겨주었다. 환자는 방금 아침 식사를 마친 상태였는데, 나는 그가 접시에 남긴 음식을 보고 당황했다. 접시를 시계라고 치면, 이 환자는 시계의 6시에서 12시에 해당하는 절반 부분만 먹었고 12시부터 6시에 해당하는 나머지 절반은 손도 대지 않았다. 내가 침대의 오른쪽으로 걸어가니 그는 나를 인식하지 못했는지 머리를 내 쪽으로 돌리지도 않았다. 내가 목격한 것은 우측 편측무시로, 세상의 반쪽과 자신의 몸 반쪽이 보이지 않는 현상이었다. 수술 후 바로 찍은 뇌 스캔에서는 뇌섬엽 조직에 전혀 이상이 없었다. 환자는 낙관적이었다. 자체적으로 판단했을 때 자신의 상태가 '상당히' 좋았기 때문이다.

그러나 수술 중 헤치고 들어가야 했던 구부러진 부위에서 꼬인 작은 혈관에서 문제가 생겼다. 이들 혈관은 자아를 관장하는데 필수인 뇌섬엽에 양분을 대는 역할을 한다. 이건 뇌 분열 때문에 일어난 일도, 잘 알려진 환상사지 증후군 때문에 일어난 일도 아니었다. 이 문제는 환자의 세계 오른쪽 절반이 차단되어 환자의 정신에 들어가지 못하기 때문이었다. 나중에 밝혀졌지만 이는 수술로 인해 뇌섬엽 근처에서 발생한 염증이 핵심 구조 기능을 일시적으로 마비시켜 일어난 현상이었다. 이 환자는 자신의 신체 절반을 차단하고, 절반이 사라졌다는 기억도 차단했다.

믿을 수 없을 정도로 깊은 방어기제, 그동안 내 경험을 훨씬 뛰어넘는 대응기제가 존재하고 작용한다는 게 결론이었다. 이 사례는 나의 지적 허영을 허물어버렸다. 그 전에 나는 인간의 뇌와 뇌가 마법으로 빚어낸 인간의 마음을 잘 안다고 생각했다. 그런데 마음이 육신을 제압할 수 있다는 것을 목격하니 놀라웠고 깨달은 점도 많았다. 며칠 후 뉴런의 염증이 가라앉았고 환자는 완전히 정상적인 상태가 되어 몸의 오른쪽도 인식할 수 있게 되었다. 그러나 그는 자신에게 일어났던 상황을 완전히 파악하지 못했다. 이 환자는 지금까지도 자기 나름대로 이야기를 지어내 기억과 맞지 않는 부분을 끼워 맞춘다. 나는 이를 보며 뇌가 아닌 '정신'이 유지하는 자아의 서사가 얼마나 큰지 실감했다.

몸이 작은 아이를 떠나보내며

때로 우리는 예기치 못한 방식으로 자신의 목적의식, 즉 자신의 **자아**의식을 이해하게 된다. 내 업계에서는 죽음이 곧 패배라는 믿음이 있다. 담당 의사와 외과 의사는 환자의 생명을 구하려고 하반신 절단과 같은 극단적인 수술까지 단행한다. 하지만 나는 의사 수련 과정에서 내 역할이 항상 환자의 생명을 구하는 일은 아님을 깨닫게 되었다. 때로 사람을 살리는 일이 가능하지 않을 때가 있다. 그럴 때 내가 할 수 있는 최선은 그저 고통스러운 상황을 견뎌내는 것뿐이다. 나는 이런 사실을 외과 의사가 된 초기, 중상을 입은 아이와 그 엄마를 통해 깨달았다.

아이와 엄마를 만나기 전, 나는 복도에서 소아과 중환자실 담당의를 만났다. 그는 경력이 40년 이상인 베테랑이었다. 소아과 중환자실에서 평생 일하면서 기적과 비극을 충분히 경험한 사람이었다. 그는 귓속말로 여자아이의 상태를 말해주었다. 아이는 SUV에 치여 뇌사 상태에 빠졌다고 말이다.

이 아이는 4세. 나는 당시 29세로 아이 엄마보다 몇 살 어렸다. 나는 이 엄마에게 '모든 조치를 다 해도 희망이 없다'고 확인시켜주고 싶었지만 그는 믿지 못했다. 아이를 보면 왜 그런지 수긍이 되었다. 겉으로 보기에 아이는 상한 곳이 없었다. 소아암 환자처럼 약물을 주입하려고 넣은 케모포트 자국이 피부에 남았거나 얼굴에 병색이 보이는 것도 아니었다. 마치 자전거에서 떨어진 것처럼 긁힌 자국 몇 군데 빼고는 정말 멀쩡해 보였다.

아이 엄마는 미동도 않는 딸의 상태가 뭔가 심상치 않다는 것을 믿지 않았고, 뇌 안으로 혈액이 전혀 공급되지 않는다는 뇌 스캔 결과도 믿으려 들지 않았다. 아이의 심장은 아주 강하게 뛰어서 손목에 손가락 하나만 갖다 대도 그 박동이 느껴질 정도였다. 피부에 혈색도 가시지 않은 상태였다. 그날 아침 일어났을 때도 분명 이와 똑같은 모습이었을 것이다. 아직도 따뜻한, 어느 한 곳 부러진 데 없는 아이를 보내려면 무슨 증거를 보여줘야 할까? 자기 딸의 생명이 위태로운 상황에서 왜 엄마가 의사의 말을 곧이 곧대로 듣지 않는지 나는 이해가 갔다.

많은 아이가 차에 치여 사망하는데, 대개는 그 작은 몸이 많이 손상되기 마련이다. 따라서 이 아이 환자의 경우에는 엄마가 딸의 부상 정도를 인지하기가 특히 힘들었다. 이 엄마는 응답전화로 '그 전화'를 받았다. 그때는 휴대전화가 나오기 전이었다. 아이돌보미는 아이가 차에 치여 병원으로 가고 있다는 메시지를 남겼다. 녹음된 그 음성을 듣는 엄마의 심정을 상상해보라.

나는 중환자실에 불려 갔지만 이번에는 아이를 살리려고 간 것이 아니었다. 어떤 수술로도 아이의 목숨을 되돌릴 수 없었다. 나는 엄마, 아이, 외과 의사 총 세 명의 배우가 출연하는 단막 비극에서 연기를 하라는 호출을 받았다. 내가 맡은 건 환자를 구하는 것이 아닌 이와 정반대인 역할로, 말하자면 내가 한 방 맞고 상황을 해결해야 했다. 그 당시 아이 엄마와 나는 이 극에서 같이 해야 하는 역할이 뭔지 전혀 모르는 상태였다. 소아과 중환자실의 그 베테랑 의사는 이 엄마가 딸의 부상 정도와 현실을 받아들일 수 있도록 나에게 이 아이의 뇌사를 분명히 알릴 조치를 취하라고 했다. 내 역할은 아이 두개골에 구멍을 뚫어 뇌압을 읽는 일이었고, 이를 위해 아이의 두개원개에 가늘고 유연한 카테터를 꽂아야 했다. 엄마에게 아이의 뇌압이 하늘 높이 치솟았으며, 이런 상태에서는 뇌가 도저히 살아날 수 없음을 보여주어야 했기 때문이다. 중환자실 베테랑 의사는 뇌압 수치만으로는 아이 엄마를 설득하지 못하리라는 것을 분명 알고 있었는데도, 내게 이 일을 하라고 부탁했다. 베테랑 의사는 두개골에 구멍을 뚫는 소리와 장면을 통해 아이 엄마가 딸이 이미 저세상으로 갔다는 끔찍한 현실을 본능적인 선에서 이해하리라고 생각한 듯했다. 나 역시 상황이 이해되기 시작했다.

나는 지난 몇 주간, 이 의사에게 가장 위독한 환자를 돌보고 싶다는 열망을 밝혔다. 처방전을 쓰려고 의료계에 진출한 것이 아니라고 말했다. 아마도 이건 나를 시험하는 무대였고, 일종의 신고식이었다. 이제야 상황이 서서히 파악되면서 그가 나에게 얹어놓은 추의 무게가 느껴졌다.

나는 마치 이발사처럼 아이의 가는 금발 머리를 빗기고 오른쪽으로 가르마를 탔다. 그다음 거즈 한 장에 알코올을 듬뿍 적셔 가르마 부위에 가볍게 문질렀다. 이제 주사액을 채워 허공에 주사액을 조금 분사했다. 주사기 안에는 식염수만 들어 있었다. 이 아이에게는 마취가 필요하지 않을 테지만, 그래도 이 의식에서 나는 내 역할을 충실히 하고 싶었다. 모든 것이 늘 하던 대로, 해야하는 대로 되어야 한다는 기대에 부응하는 것 말이다.

나는 두개골에 작은 구멍을 뚫어야 했다. 이 아이한테 필요해서가 아니라 엄마에게 필요해서였다. 그동안 살면서 TV 드라마를 통해 온갖 허구와 단순화된 상황 처리를 보았겠지만, 실제 상황은 이변 없이 예상대로 끝난다는 사실을 이 아이 엄마는 알 필요가 있었다. 그래서 실은 그렇지 않았지만 내가 상황의 주도권을 쥐고 있다는 느낌으로 일을 진행했다. 아무도 이 일로 내게 무슨 일이 벌어질지는 신경 쓰지 않았다.

엄마는 딸을 무릎 위에 올려놓은 채 침대에 앉아 있었다. 눈물이 마른 자리에 소금기가 남아 얼굴에 분필로 그은 듯한 자국이 생겼다. 엄마는 출근할 때 입은 옷을 그대로 입고 있었다. 수술복차림의 나는 멸균 장갑을 꼈다. 그 순간부터 모든 것을 눈 맞춤으로 소통했다.

아이 엄마는 30년을 살았고 얼굴에는 잔주름만 있을 뿐, 고달

픈 인생이나 긴 세월을 나타내는 깊은 고랑은 없었다. 이제 그의 얼굴에 완전히 새로운 표정이 나타났다. 위축된 얼굴 근육으로 그 전에 없던 골이 생기고 그늘이 잡혀, 고통 그 자체의 표정이 생겨났다. 더할 나위 없는 슬픔. 전혀 믿지 못하겠다는 얼굴. 나는 아이 엄마의 얼굴을 제대로 바라볼 수 없었다. 가까스로 시선을 돌렸다.

당시 외과 의사는 환자 침상에서 조치를 할 때 마스크나 의료용 고글을 쓰지 않았다. 요즘처럼 얼굴에 마스크를 쓰고 눈을 가리면 감정을 감추기가 쉽다. 아무도 우리가 짓는 비밀스러운 표정을 볼 수 없다. 하지만 당시 나와 그 상황 사이의 유일한 가림막은 수술복과 수술 장갑뿐이었다. 앞에서 펼쳐지는 비극을 서로 지켜보는 가운데, 내 얼굴과 아이 엄마 얼굴 모두 상황에 그대로 노출되어 있었다.

엄마의 눈길은 딸의 감긴 눈꺼풀에 가 있었다. 나는 능숙하게 장갑을 꼈다. 언뜻 보니 아이 엄마의 약지에 결혼반지가 없었다. '아이의 아빠가 어디에 있을까, 아빠에게 이 상황을 알렸을까'하는 궁금증이 생겼다. 내가 아이의 연한, 아주 얇은 두피에 구멍을 뚫자 엄마의 눈도 따라왔다. 아무 저항도 없이. 아이 엄마의 눈은 내 손길이 침범하는 것뿐 아니라 이 상황을 이끄는 내 자신감도 지켜보고 있었다. 아이 엄마를 이 상황에서 물러나게 하려면 내가 '초짜가 아니다'라는 것을 보여줘야 했다. 그러나 사실 나는 초짜였다. 내 서투른 동작을 보면 누구나 초짜임을 한눈에 알아볼 수 있었다. 의료계에서 수련을 받지 않아도 이런 감은 다 있다. 나는 두피에 낸 구멍을 손톱 크기로 키우려고 칼로 두피를 찢었다. 아이는 마취를 전혀 하지 않았는데도 꿈쩍도 하지 않았다.

　나는 수술용 수동 핸드드릴을 준비했다. 이 드릴은 벽에 구멍을 뚫어 전선을 통과시킬 때 사용하는 도구와 비슷한 물건이다. 나는 이 드릴을 사용해 아이의 두개원개에 구멍을 뚫고, 거기로 실리콘 재질의 선을 통과시켜 이 신성한 공간의 압력을 측정할 것이었다. 잔인한 상황이었다. 다음 단계는 손끝으로 이루어지는 작업이 아니었기 때문에 이제 아이의 엄마는 내 팔뚝을 보게 되었다. 나는 오른손으로 드릴 손잡이를 돌리고 왼손으로는 드릴 몸통을 꽉 쥐었다. 드릴 날이 파고들어 두개골 안으로 단 몇 밀리미터 들어가니 왼손에 당기는 힘이 느껴졌다. 나는 끌려가지 않으려고 뒤쪽으로 당기듯이 반대 방향으로 힘을 쓰며 인력에 대항했다. 그런 건 처음 느껴봤다. 보통 두개골은 부드럽고 대개 그 내부에서 당기는 힘이 작용하지는 않는다. 하지만 그때는 마치 뇌 안에 자심磁心(코일 속에 넣어 자속을 증가시키는 자성 물질을 통틀어 이르는 말—옮긴이)이 있는 듯했다. 나는 오른손으로 드릴 손잡이를 반대로 돌려 드릴을 빼냈다. 뼈같이 단단한 구멍에서 드릴이 빠지는 순간, 일이 터졌다. 구멍 난 타이어에서 공기 빠지는 소리가 나더니 이어서 두개골 속 내용물이 분출되었다. 미세하게 분사되는 안개처럼 탄산 거품이 내 얼굴을 덮었다. 아이의 뇌가 잘게 쪼개져 기포가 되어 덧없이 날아간 것이다.

너무나 놀랐고 아주 잠깐 역겹다는 생각이 들었지만, 아이 엄마가 이를 지켜보고 있다는 것을 깨달았다. 이제 아이가 저세상으로 떠났다는 사실이 분명해졌다. 나는 뒷걸음질 치고 싶은 속내를 숨기고 꿈쩍도 하지 않음으로써 엄마와 아이에게 애도를 표했다. 내 자리를 지키면서. 얼굴과 몸짓은 동요하지 않은 채, 나는 내 깊은 감정을 잘 붙들어 놓았다. 그저 눈만 깜빡였다.

아이 엄마는 내가 이 상황을 역겨워하는 것을 원치 않을 것이었다. 나는 머리를 움직이지 않고 시선을 아이 머리에서 엄마의 얼굴로 돌렸다. 눈꺼풀을 움직이지 않으려 애썼지만, 자동으로 작동하는 차량 와이퍼처럼 눈꺼풀이 퍼덕거렸다. 아이 엄마가 심판하듯 서 있는 그 자리에서 나는 내 모든 걸 가뒀다. 미동도 하지 않은 덕분에 나는 아이의 모든 부위가 나에게 성역이라는 사실을 이 엄마에게 보여줄 수 있었다. 나는 그만하고 싶었다. 도움을 요청하고 싶었다. 이곳이 아닌 다른 어딘가로 가고 싶었다.

하지만 나는 중단하지 않고 카테터를 안으로 집어넣었다. 뇌압 수치는 예상대로 천정부지로 올라가 있었다. 말이 되지 않는 상황이었다. 정상적인 사람이라면 자기 아이의 두개골에서 뇌가 분출되는 장면을 차마 지켜볼 수 없을뿐더러, 그 장면이 이 아이의 마지막임을 모를 리가 없다. 그 아이의 엄마는 그 장면을 지켜보았고 나 역시 그랬다. 엄마의 얼굴에 생긴 능선과 골이 서서히 펴졌다. 그는 정신적으로 고갈되고 기진맥진해져 패배를 선언했다. 아이 엄마는 몇 시간 후 딸을 보냈다. 그리고 나는 이 일로 완전히 다른 사람이 되었다.

나는 얼굴에 분사물을 그대로 묻힌 채 모든 절차를 끝마쳤다. 이를 통해 아이 엄마는 내가 딸의 생명을 존중한다는 것과 상황의 심각성을 인지했다. 그때 나는 내 자신의 이런 부분을, 내가 더 갖고 싶은 내 이런 부분을 잘 지켜가야겠다는 생각, 나는 바로 이런 일을 하려고 태어났다는 생각을 했다. 나보다 더 부서진 사람들을 돌보는 힘은 기술도 기지도 아닌 바로 이 동력이었다. 그 순간 나는 내 **자아**가 가지고 있는 뭔가 고유한 면을 찾아냈다. '의사', '외과 의사'라는 호칭보다 훨씬 진정한 면모를.

여전히 입에도 눈에도 분사물이 묻은 채로 나는 병원 복도에 있는 화장실로 들어갔다. 눈을 깜박거리며 아이 머릿속에 있던 마음의 맛을 느끼지 않으려고 코로 숨을 쉬었다. 하지만 냄새가 콧속으로 들어가 내 감정의 뇌를 바로 자극했다. 생각은 모든 감각을 통제할 수 있지만, 냄새는 통제하지 못한다.

나는 물을 튀기며 얼굴을 씻었고 거친 갈색 종이 타월로 얼굴을 닦은 다음 일과를 이어갔다. 그날 밤 집에 돌아와 당시 한 살이었던 큰아들을 데리고 외출했고, 아내를 포함한 그 누구에게도 그날 있었던 일을 입 밖에 내지 않았다. 우리 대부분은 가장 깊은 내면의 삶은 비밀에 부친다. 이 경험의 잔여물은 그대로 남아 지금까지도 끊임없이 뇌리에 떠오른다.

그 사건 이후, 그 베테랑 의사는 이 경험이 내게 이상한 방식으로 영향을 미치리라는 것을 알지 않았을까 하는 궁금증이 들었다. 그는 내 안에 새로운 자아의식이 생길 줄을 알았을까? 나는 그 전에 가장 위독한 사람을 돌보고 싶다고 말했다. 어쩌면 그는 내가 그런 진정성을 가지고 있는 보기 드문 레지던트인지 시험해보고 싶었을지도 모른다. 남보다 더 노력하고 기술을 더 닦고 시간을 더 쏟을 뿐만 아니라, 불가피한 나쁜 결과에서 오는 간접적 트라우마를 맞을 준비가 되어 있는 백 명 중 한 명인 레지던트인지 확인해보고 싶었을 것이다. 나는 또 그가 나를 중환자실로 호출한 이유가 어떤 방식으로든 내가 겸허해지도록, 내 교만을 없애도록 일부러 그런 것이 아닐까 궁금했다. 그는 나에게 아이 엄마의 고통을 일부 흡수해야 하는 상황을 마련해주었다. 이 경험이 내 인생의 방향을 바꾸고, 나라는 사람을 만드는 계기가 될 줄 그 의사도 알았을까?

우리 각자는 자신의 경험과 믿음, 기억과 역사, 희망과 갈망에서 생겨난 독특한 내면의 이야기, 즉 자아의식을 가지고 있다. 자신의 인생에서 벌어지는 사건을 흡수해서 이들을 진행형 서사로 엮어내는 능력을 자서전적 기억이라고 하고, 이는 스스로의 **자아**를 바라보는 기반이 된다. 자신의 개인적 서사를 창조하는 이 신비로운 나비는 우리의 순간을 한데 묶어준다. 만약 자아와 자서전적 기억이 동일한 페이지상에 있지 않으면, 기억은 핵심 믿음에 뿌리를 내리지 못한다. 또 림프종 환자가 뇌섬엽 주변 수술을 받은 후 갑자기 확 달라진 모습을 보이는 것처럼, 사람들은 망상과 심지어는 작화증(마음속으로 이야기를 지어내는 행위 또는 그런 이야기—옮긴이)을 일으키기도 한다.

역경에 맞서 싸워야 할 때, 상상 속의 미래에서는 전혀 예상치 못했던 일이 발생할 때, 우리의 자서전적 서사는 어려움을 겪을 수 있다. 이런 불쾌한 사건, 좌절, 실패를 목적과 회복의 서사로 엮어내는 능력은 정말 중요하다. 우리에게는 마주하는 난관에 맞게 자신의 정신 상태를 단련하고 생각의 흐름을 이끌며 마음속으로 자신의 운명을 결정할 고유의 역량이 있다. 대처란 이런 연관성을 지키는 것, 즉 이질적인 여러 가지 인생 경험을 엮어 자체적 일관성을 유지하는 작업이다. 대처는 자기 보존을 위한 우리의 생존 도구다.

비록 당시에는 입 밖으로 꺼내지 않았지만, 그 여자아이와 엄마와 함께한 경험은 현재 나라는 사람의 일부를 만들어주었다. 그때까지도 나는 진심으로 의사가 되고 싶다는 확신이 없었다. 대학을 중퇴한 후 복학해서 겨우 학업을 이어갔고, 그렇게 해야 한다고 느꼈기 때문에 이후 의학전문대학원에 진학했다. 비극적인 부상을 입은 아이 그리고 그 엄마와의 경험을 통해 나는 나에 관한 새로운 면모를 보았고 내 자신의 **자아**에 놀랐다. 그런 시련의 상황을 만났을 때만 내 안에 있던 좀 더 깊은 면모가 모습을 드러냈다. 그건 재능이자 내가 나 자신하고만 공유하는 비밀 병기였고, 나는 나에게 자제력이 있음을 깨달았다. 내 직업적 정체성을 뛰어넘은 자존감을 처음으로 어렴풋이 느꼈다. 인생의 어려움에 직면했을 때마다 내가 지키고 키우고 의지하고 싶은 덕목이었다.

4

실패

어떻게 다시 일어나야 할까

그날 저녁, 캐리나의 다리 감각이 돌아오지 않았다. 내 눈앞에 이 아이의 앞날이 선명하게 그려졌다. 수술이 끝나고 두세 시간 후 간호사에게서 걸려온 전화를 받았을 때는, 환자가 마취에서 완전히 풀려나지 않은 탓이겠거니 생각했다. 수술 직후 몸의 모든 부위가 똑같이 반응하지 않는 환자가 종종 있다. 마치 술에 취한 것처럼 팔과 다리가 제각기 노는 경우도 있다. 그래서 나는 "환자가 마취에서 깨어났나요?" 하고 물었다. 간호사는 마취에서 완전히 깨어났다고 답했다. "팔은 움직이나요?" 나는 그다음에 들을 답을 두려워하며 물었다.

나는 수술실에 응급 재수술을 요청했다. 재수술이란 수술 후 24시간 이내에 환자를 수술실로 다시 데려가는 조치다. 재수술만큼 '외과 의사의 실수'를 동네방네 요란하게 알리는 일도 없을 것이다. 나는 절개 부분을 다시 열려고 몇 시간 전에 봉합한 부분을 풀었다. 아이의 부모를 비롯한 모든 사람이 참사가 일어났음을 직감할 수 있었다.

나는 문제가 뭔지 알고 있었다. 수술 중 마무리 단계에서 두 가지 방법 중 하나를 택해야 했기 때문이다. 내가 한 결정은 수술 마무리 단계를 줄이는 방법이었다. 마무리 작업이 줄면 수술 시간이 단축되고 감염 같은 합병증이 올 가능성이 줄어들지만, 환자의 척추 강도가 좀 약해질 수 있다. 사실은 시간을 들여 좀 더 긴 경로를 택하자는 생각이 본능적으로 들었었다. 하지만 실제로는 수술을 빨리 끝내는 쪽을 택했다. 내가 한 결정은 이론적으로는 옳았지만, 나는 내 본능을 무시하고 잘못된 선택을 했다. 돌이킬 수 없는 실수, 외과 의사가 불가피하게 짊어져야 하는 짐이다.

캐리나는 12세로, 우리가 만난 이유를 본인에게 직접 얘기해도 알아들을 나이였다. 처음에 어린이병원에서 이들 세 가족을 처음 만났는데, 어린이병원은 늘 그렇듯 밝은 색상과 아이들 사이에서 인기 있는 만화 캐릭터로 장식되어 있어 마치 으스스한 디즈니랜드 같은 분위기를 풍겼다. 캐리나에게는 어른에게도 쉽사리 찾아볼 수 없는 침착함과 평정심이 있었다. 그는 성숙하고 진중한 아이였다. 캐리나의 부모는 긍정적인 에너지를 지녔고, 캐리나를 입양해 마침내 부모가 되어 가슴 깊이 충만한 삶을 살아가는 신실한 부부였다. 이들은 셋이 서로를 바라보는 모습만 봐도 본인들이 캐리나의 부모고 캐리나가 본인들 자식이라는 것을 바로 알 수 있을 거라고 말했다. 생물학적인 것은 문제가 되지 않았다. 이들 가족 간의 연대감은 깊고 영적이었으며 끊임없이 샘솟았다.

캐리나는 척수이분증(선천적으로 척수가 뼈, 연골 또는 섬유조직의 중격에 의해 세로축으로 이분되어 있는 척추질환―옮긴이)이 있었다. 캐리나가 성장하면서, 척수는 아주 천천히 기형 뼈 한 마디에 의해 두쪽으로 갈라지는 중이었다. 이 기형 뼈는 척추뼈에서 뒤쪽으로 튀어나와 특히 민감한 뇌의 꼬리인 척수를 감싸는 척추관 안으로 들어가 있었다. 이 돌출된 기형 뼈가 척수를 둘로 분리했지만, 아동기에는 성장이 느리기 때문에 지금까지 이런 분리 현상은 캐리나의 등 가운데 단 한 지점에서만 일어났다.

캐리나의 척추뼈 중앙 쪽 피부가 예상치 않게 꺼지고 무너지자 소아과 전문의는 그 안을 더 깊이 살피게 되었다. MRI 촬영을 해보니 정중선 오른쪽에 종유석 모양의 뼈가 보였다. 우리에게 좌뇌와 우뇌가 있듯이 척수에도 왼쪽과 오른쪽이 있다. 이 덕분에 캐리나가 지금까지는 이상이 없었던 것이다. 척수 중간의 아주 작은 부위만 분리되어 있어 이 기형 뼈가 자라지 않는 한, 즉 캐리나가 더 이상 성장하지 않는다면 이상이 없을 가능성이 높았다.

하지만 캐리나는 사춘기가 바로 코앞에 다가오고 있어 성장 속도가 빨라질 게 분명했다. 캐리나의 키가 갑자기 크면 척수가 수직으로 늘어나 움직이지 않는 기형 뼈에 닿아 찢어질 수 있다. 수직형 단두대라고나 할까. 캐리나의 키가 더 크면 돌출된 뼈가 아래에 있는 척수를 파열시켜 다리가 마비될 것이다. 이건 척추측만증 같은 척추의 측면 만곡 증상이 아니다. 측만증은 사춘기 여자아이들에게 때때로 발생하고, 보통 부목이나 수술로 관리한다. 캐리나의 기형은 좀 더 사악한 증상을 나타낼 터였다. 돌출된 기형 뼈가 척수를 정확히 딱 둘로 쪼개는 칼날 같은 역할을 할 것이다. 캐리나는 바로 이 때문에 내게 왔다. 캐리나가 부모와 함께 나를 만나러 온 이유는 두고 보는 전략을 택할지 아니면 그 부위로 들어가 상어의 이빨을 깎아서 척수가 방해받지 않고 뻗을 수 있도록 도와줄지 의논하기 위해서였다. 두 가지 경우의 수 모두 위험이 따랐지만 캐리나의 부모는 낙관적이었다.

한순간의 착오가 부른 참사

캐리나와 같은 기형 사례는 많은 면에서 외상보다 더 어렵다. 외상 치료의 경우, 부상자에게 즉각적인 처치를 취하는 일이 무엇보다 중요하다. 반면 캐리나 같이 완벽하게 걷는 환자의 경우 의사는 아무 조치를 취하지 않을 때의 위험과 수술을 할 때의 위험을 견주어야 한다. 안 좋은 결과를 비교해서 어떤 경우에 나쁜 결과가 나올 확률이 더 큰지 결정하는 것이다.

캐리나는 그날 첫 환자였다. 캐리나에게 발생한 참사는 수술 전략을 제대로 펼치지 못해 벌어진 일이 아니었다. 이건 내 손이나 기술의 문제가 아니었다. 내가 실패한 건 한순간 방심했던 데다 내 본능을 따르지 않았기 때문이었다.

피부가 절개되어 근육이 왼쪽과 오른쪽으로 나뉘면, 척추뼈가 바닷가재 꼬리처럼 보인다. 마디가 있고 지붕의 널처럼 겹친 뼈의 고리는 몸을 보호하고 움직임을 가능하게 해준다. 등을 따라 쭉 뻗은 돌출된 뼈는 척추 위에 모히칸 머리를 얹은 모양이며, 이 벼슬 장식은 잘라내도 아무런 문제가 없다. 피부 속으로 10센티미터 정도 들어가면 뼈로 된 관, 즉 척추관이 있다. 이곳에서는 뇌와 몸 사이의 광속 통신 케이블에 해당하는 척수가 보인다. 만약 이 얇고 가벼운 섬유가 잘리거나 손상되면, 심각하고 십중팔구 돌이킬 수 없는 결과로 이어진다.

척수는 길고 섬세한 조직으로 그 안에는 뇌간 안에 있는 물질과 동일한 물질이 들어 있다. 척수는 '파충류의 뇌'의 꼬리이며, 뇌처럼 뼛속에 있고 경막초라는 덮개 안에 자리 잡고 있다. 뇌와 척수는 둘 다 동일한 뇌척수액 안에 떠 있다. 신경 섬유 다발은 얇고 섬세한 커튼의 주름처럼 생겼고, 수술 도중 바닷가재 꼬리처럼 마디가 나 있는 척추뼈가 노출되면 여기에 수직으로 창을 뚫을 수 있다.

캐리나의 경우에는 수술 부위를 닫을 때 이 뼛조각을 제 위치에 돌려놓을 때를 대비해 가는 송곳으로 해당 척추뼈의 지붕 부분을 도려냈다. 나는 날카로운 메스로 척수를 덮고 있는 경막의 거친 표면에 수직으로 칼집을 냈다. 척수를 감싸는 경막초 두 쪽을 분리된 근육에 조심스럽게 봉합해서 붙이자 이 두 반쪽이 완전히 벌어졌다. 척수는 대부분 촉수로 이루어져 있으며, 이는 신호를 전달하는 뇌의 뉴런에서 길게 연장된다. 촉수는 캐리나의 척수 안에 빈틈없이 잘 정렬되어 있었으며, 척수 표면의 상태도 좋았다.

척추뼈에서 해당 부위를 도려내는 동안, 캐리나는 수술대에 엎드려 있는 상태였다. 아이가 엎드려 있는 관점에서 볼 때 나는 이 뼈 부위를 척추의 지붕이라고 생각했다. 그러나 수술실에서 나오려면 캐리나의 몸을 똑바로 눕혀야 했고, 이렇게 되면 도려낸 뼈를 다시 돌려놓은 부위가 몸의 하중을 받게 될 것이다. 이 부위가 캐리나의 몸무게를 견뎌내야 한다. 그렇다면 척추의 지붕은 몸의 주춧돌, 즉 토대가 된다. 사실 캐리나의 척추를 좀 더 지지해줄 필요가 있다는 생각이 머리를 잠깐 스쳤다. 심각한 합병증이 생기지 않도록 봉합 부위를 받치고 보강해야 할까, 아니면 추가 조치로 인해 또 다른 위험이 동반되지 않도록 부족한 대로 그냥 놔두는 게 좋을까? 이런 딜레마는 수술을 하면서 종종 생긴다. 손을 더 많이 대면 위험이 더 많이 따르고, 손을 덜 쓰면 환자는 또 다른 형태의 합병증에 노출된다. 뭔가를 하는 데 따르는 위험이 있고, 뭔가를 하지 않는 데 따르는 위험도 있다. 캐리나를 수술하는 동안 이 점을 계속 고민하다 나는 결국 손을 덜 대기로 결정했다. 하지만 간호사에게서 그 전화를 받았을 때 나는 내가 잘못된 결정을 내렸다는 것을 알았다. 아이를 불구의 상태로 만든 판단 착오였다.

캐리나가 등을 대고 눕도록 그의 몸을 뒤집었을 때 아이의 척추는 그대로 주저앉았다. 수술을 위해 창을 냈던 부위의 척추관이 무너졌고, 그 결과 척추관이 파열되면서 그 안에 있던 척수가 박살 났다. 수술 후 캐리나의 다리가 움직이지 않는다는 연락을 받고 나는 이내 무슨 일이 벌어졌는지 알았다. 이 문제가 어떤 생리적 과정으로 일어났는지, 예방할 수 있었던 참사의 이유가 무엇인지 깨달았다. 재수술 때 나는 주저앉아 박살난 뼈를 들어냈지만, 척수는 이미 손상된 후였다. 이런 실수는 돌이킬 수 없었다. 아이의 몸을 두 번 여는 일은 내가 이미 알고 있는 실수를 확인하는 절차였고, 내 공포는 실제로 영원히 이어질, 캐리나와 그의 부모 그리고 내 앞날을 바꾸어놓을 실패로 굳어졌다.

수술 다음 날 아침, 사회복지사와 간호사는 참사의 무게감이 느껴지는 와중에도 캐리나에게 용기를 주려고 최선을 다했다. 전날 밤 간호사에게서 전화를 받은 이후로 달라진 것은 전혀 없었다. 캐리나는 다리에 감각이 없다고 말했지만 무감각은 사실 감각이었다. 다리가 없어진 느낌.

캐리나는 집에서 가져온 담요로 감각 없는 다리를 덮은 채 앉아 있었다. 잠깐 쉬고 있던 간호사가 병실 안으로 비치볼을 가져왔다. 간호사가 캐리나에게 공을 던져주고 캐리나는 그 공을 받아 다시 던졌다. 병실은 조용해서 시끄러운 기계 소리도 나지 않고, 수술실이나 중환자실의 숨 가쁜 상황도 없이 그저 정맥주사

걸대에서 주사액만 똑똑 떨어질 뿐이었다. 캐리나는 말에서 떨어졌거나 오토바이 사고를 당했을 때처럼 척수 부상 시 투여하는 스테로이드제를 맞는 중이었다. 캐리나가 있는 병실은 구조가 특이해서 환자 옆쪽이 아닌 머리 뒤로 창이 나 있어 아이의 얼굴이 실루엣으로 보였다. 캐리나의 눈에 나타나는 표정을 보기가 두려웠기 때문에 내게는 이 점이 다행이었다.

캐리나는 아직 어려서 눈앞의 순간을 훌쩍 뛰어넘어 멀리 앞을 내다볼 수가 없었다. 아이의 부모는 미래를 믿는 깊은 신앙심을 가진 사람들이었다. 나는 내 미래는 알 수 없었지만, 캐리나와 그 부모의 미래는 알 수 있었다. 캐리나의 다리는 영원히 움직이지 못하고 시간이 지나면서 약해지고 비틀어질 것이다. 방광은 기능을 멈춰 염증으로 가득할 테고 방광에서 소변을 빼내려고 질에 구멍을 내야 할 것이다. 복벽에는 주머니를 달아 대변을 모아야 할 테고, 생식기는 사춘기임에도 불구하고 쭈그러들고 감각이 없어질 것이다. 생명을 위협하는 욕창이 생길까? 캐리나의 부모는 이런 미래를 상상할 수 없다. 어떤 부모가 그럴 수 있을까?

하지만 캐리나의 태도는 변하지 않았다. 수술 전에 품고 있었던 평정심이 깨지지 않았다. 창에서 들어오는 빛으로 눈이 부셨기 때문에 나는 캐리나의 눈을 보지 않아도 되는 면죄부를 얻었다. 하지만 마음은 너무 무거웠다. 수치심, 자기혐오, 실패 의식. 캐리나가 걸을 수 있다는 아주 희박한 가능성에 근거해서 이들 가족을 안심시키려면 내가 가진 감정의 고삐를 단단히 쥐고 있어야 했다. 아주 드물기는 하지만 환자 한두 명이 부목을 대고 걸을 정도로 회복했다는 사례가 있기 때문에, 나는 그 1퍼센트의 통계를 가족에게 희망을 줄 근거로 삼았다. 그 병실에 있는 모든 사람이 듣기에 가장 편한 말을 건넸다.

캐리나의 부모는 친절을 넘어서는 사람들이었다. 그들은 수술의 심각한 결과와 수술 시 내린 선택으로 초래되는 합병증을 이해했다. 그들은 단 한 번도 나를 증오와 혐오와 분노의 눈길로 바라본 적이 없다. 그들은 이런 시련이 좀 더 높은 목적을 이루기 위한 과정이라는 확고부동한 믿음을 가지고 있었다. 어떻게 딸을 입양하게 되었는데. 캐리나가 얼마나 정신적인 충만감을 주었는데. 캐리나의 부모는 상황을 받아들였고 관대했으며, 나보다 더 차분하고 강한 모습을 보여주었다. 모두 나에게는 없는 덕목이었고, 나는 보여줄 수 없는 자질이었다. 캐리나가 병원에서 퇴원하는 날, 나는 이들 가족을 배웅하러 가지 않았다. 시간을 낼 수도 있었지만 다행스럽게도 수술 일정이 잡혀 있어서 애써 가지 않아도 되었다. 하지만 수치심은 감출 수 없었다.

나는 겁쟁이였다. 캐리나의 부모는 딸과 함께하면서 그들의 생활이 전과 달리 생명력과 정서적인 깊은 충만감과 다사다난한 일들로 꽉 채워졌다고 했다. 내가 수술에서 저지른 실수로 그 깊이는 시험을 받게 될 터. 앞으로 캐리나가 휠체어에서 생활하면서, 내 개인적인 실패가 초래할 비극적 여파를 감당하면서, 이들이 느낀 깊은 충만감은 시험대에 오를 것이다. 나는 다른 조치를 취하라며 반대하던 마음속 목소리, 내 본능을 무시하고 멋대로 판단을 내렸다.

내가 느끼는 수치심은 내 자존감을 무너뜨렸고, '평생 직업으로 선택한 이 일에 나는 역시 재능이 있다'고 스스로 만들어낸 서사를 엉망으로 만들었다. 나는 잘못된 실수, 그것도 수술 합병증 중에서 돌이킬 수 없는 합병증을 일으킨 죄인이었다. 수치심은 은밀하게 커진다고들 한다. 하지만 이 일은 비밀이 아니었다. 내 실수는 가차 없는 수술실의 형광등 불빛 아래서 일어났고 온 병원 사람들이 다 아는 일이었다. 수치심은 그동안 내적·외적으로 쌓으려고 열심히 노력했던 내 정체성에 추한 그림자를 드리웠다. 마치 내 자신이 사기꾼 같은 기분이 들었다. 그 경험은 마음 깊이 상처를 남겼다. 차라리 한 대 맞는 게 이보다 한결 편하고 받아들이기 쉬웠을 텐데.

돌이킬 수 없는 정신적 타격을 극복하려면 어떤 조치가 필요할까? 캐리나의 사례를 모든 외과 의사가 참여하는 M&M 회의(매주 열리는 이환율morbidity 및 사망률mortality 회의)에 상정할 때 이상하게 고해성사를 하는 기분이 들었지만 면죄부를 받았다거나 내 죄가 씻겼다는 느낌은 들지 않았다. 나는 동료 의사 앞에 서서 내 실수와 그 실수를 초래한 당시의 생각을 자세히 얘기했다. 동료 의사는 제 식구를 보호하자는 정해진 관례에 따라 내 '판단 착오'를 눈감아주었다. 나는 불 속으로 가까이 다가가 나를 더 불에 태워야 했다. 직업적으로 실추되어 자숙 기간 같은 처분을 받았어야 했지만, 병원 시스템은 캐리나에게 발생한 일을 실수가 아닌 '합병증'으로 판단해 자체적인 보호 기능을 발휘했다.

　앞으로 몇 달, 몇 년 후 캐리나에게 신체적 어려움이 닥치리란 건 불 보듯 뻔한 일이었지만, 그가 겪을 정신적인 어려움도 걱정이 되기 시작했다. 캐리나의 자아의식이 어떻게 바뀔 것인가? 캐리나가 자신의 다리 마비를 부모와 함께 몹시 슬퍼할까? 뇌는 뇌척수액에 담겨 홀로 독립적으로 떠 있는 기관이 아니다. 뇌는 우리 몸과 연결되어 끊임없이 소통하고 있다. 하반신 절단술을 받은 남자처럼 캐리나의 몸은 완전히 달라졌다.

　나는 아무 벌도 받지 않고 상황을 빠져나온 느낌이 들었고 그 기분이 나를 갉아먹었다. 그 감정이 내 안으로 파고들어 몇 년간 엮은 내 자신의 서사를 끄집어내 그 느슨한 올을 너덜너덜하게 만들었다. 그때의 경험은 하나의 장벽이 되었고 나는 만족감이나 행복감을 느낄 수 없었다. 처음 생각대로 밀고 나갔어야 했는데. 내 본능을 믿었어야 했는데.

캐리나 사건 이후 나는 우울함에 휩싸였고, 한없이 맑은 로스 앤젤레스의 하늘은 끊임없이 나를 비웃었다. 내 정신 상태는 "한 겨울에 내 안에 무적의 여름이 있다는 사실을 마침내 깨달았다" 고 말한 프랑스 작가 알베르 카뮈Albert Camus의 상태와 정반대였다. 로스앤젤레스에서 무적의 여름에 나는 개인적으로 추운 겨울을 감내하고 있었다. 가장 암울한 순간에 우리가 가장 믿지 않는 한 가지는 앞으로 상황이 변할 거라는 것, 변할 수도 있다는 희망이 다. 나는 내면을 감추고 싶었다. 내가 만난 일부 환자처럼 눈으로 거짓말하고 가식적인 표정을 지었다. 해명할 수 없는 일을 해명 하고 싶지 않았다.

실패는 추락이 아닌 경착륙이다

이 절망의 시기는 결과적으로 내게 큰 변화를 가져왔고, 자신의 일로 고통받는 사람들에 대한 내 공감도와 인식의 폭을 넓혀주었다. 실패는 세상과 다른 사람들의 취약성을 이해하는 데 자산이 되어주었다. 어떤 의사에게는 공감 피로가 생긴다. 나에게는 새로운 공감의 저장고가 생겨나고 있었다. 힘든 시기를 거치면서 나에게는 겸손이 생겨났다. 이제 나는 세상을 다르게 보았다. 다른 사람의 감정을 좀 더 분명히 들여다보게 되었다. 나는 고통 안에서 세상에 속할 기회가 있었다. 고통을 겪는 환자들은 의사인 나도 짐을 짊어지고 있다는 사실을 알아주었다. 우리는 이제 터놓고 얘기할 수 있었다.

　나를 찾아 오는 암 환자는 나처럼 공적인 자아와 사적으로 고뇌하는 자아를 가지고 이중생활을 할 여유가 없다. 암 진단은 주변 사람들에게 알려지게 마련이다. 어떤 환자는 사람들이 어떻게 지내냐고 묻는 게 싫다고 말하면서 '해낼 수 있다'는 격려의 말을 들으면 괴로움만 더해진다고 토로한다. 암 환자 대부분은 정서적인 고통을 경험한다. 일부 병원은 암 진단이 주는 존재론적 위협을 인식하고 종양학 행동 프로그램behavioural oncology programmes을 통해 심리치료를 제공해서 공포, 슬픔, 분노, 죄책감, 무기력을 느끼는 환자에게 도움을 주고 있다.

하지만 나는 도움을 받는 일에 대해 정서적으로 어려움을 느꼈다. 외과 의사들은 심리치료를 통해 도움을 받는 것을 용감하다고 보기는커녕 이와는 정반대로 해석한다. 어떤 식으로든 나약함을 드러내는 사람은 약한 사람 취급을 받는다. 나 스스로 편견도 있었다. 정신과 전문의도 의학전문대학원을 나오고 약을 처방할 수 있지만, 그들은 존경받는 의사 '계급' 가장 밑에 위치하는 사람들이라는 믿음. 하지만 정신과 전문의도 수련을 거친 의사다. 내가 어설프게 나약함을 감추며 누구나 뻔히 알 정도로 도움을 찾아 헤매자 수련 중인 정신과 의사 한 명이 내게 책 한 권을 추천했다. 그 책은 정신과 교수인 케이 레드필드 제이미슨^{Kay Redfield Jamison}이 쓴 《조울병, 나는 이렇게 극복했다》였다. 이 책에서 저자는 이런 말을 한다. "내 몸은 더 이상 무언가가 살 수 없는 곳이다. 몸은 격분하고 애통해하고 완전히 주저앉았으며 야생의 에너지만이 그곳에서 미쳐 날뛰고 있다." 나는 이 말에 공감이 되었다.

우리 모두는 실패한다. 살면서 원점으로 되돌렸으면 혹은 다시 했으면 하는 순간이 모두에게 있기 마련이다. 이건 우리 인간의 본성이다. 나는 《고도를 기다리며》의 작가인 사뮈엘 베케트^{Samuel}

Beckett가 중편 소설 〈최악을 향하여〉에 쓴 충고를 받아들였다. "시도했다. 실패했다. 괜찮다. 다시 시도하라. 다시 실패하라. 잘 실패하라." 나는 캐리나의 수술을 처음부터 다시 하고 싶지만 그럴 수 없다. 그런 식으로는 만회가 불가능하다. 나는 캐리나에게 생긴 일을 어떤 식으로든 만회하고 싶었고, 다른 베테랑 외과 의사보다 환자에게 상해를 덜 입힌다는 목표를 세워 과거의 실패를 수술 성과와 기술로 채우려고 노력했다. 수술 위험률은 결코 0퍼센트까지 내려갈 수 없지만, 이 숫자에 가장 가까이 근접하는 사람이 되고 싶었다. 인생에서 벌어진 모든 사건 중에서 이 경험은 나를 가장 심하게 흔들어놓았다. 트라우마 기억이 굳어질 가능성을 줄이고, 그 기억이 자신을 따라오지 못하도록, 일상생활에 침투하지 못하도록 자신이 할 수 있는 조치가 있다. 나는 당시 그 어떤 조치도 취하지 않았다. 우리가 허락하지 않는 이상 시간은 그 어떤 것도 치유하지 않는다.

지식과 의학과 생활의 발전은 실패에서 오고, 성공은 무지와 거부, 상실, 좌절, 고통과 죽음에 뒤이어 멍든 몸을 이끌고 승리를 외치며 도착한다. 안전하게 가느라 모험은 전혀 하지 않고, 경쟁을 하면서 지지 않으려고, 실패하지 않으려고 기를 쓰는 것은 정체를 계속 유지하고 별것 아닌 인생을 살기 위한 처방이다. 앞으로 나아가려면 헛걸음질도 감수해야 한다.

실패했다고 자기 불신의 씨앗을 마음속에 심거나 스스로를 깎아내리거나 두려워할 필요는 없다. 실패는 보편적으로 일어나지만 대부분 눈에 보이지 않는다. 스톡홀름대학교의 심리학 교수인 요하네스 하우스호퍼Johannes Haushofer는 본인이 들어가지 못한 프로그램과 올라가지 못한 학계 지위, 받지 못한 연구 기금 등을 나열한 자신의 '실패 이력서'를 공개하며 통념을 뒤집었다. 실패 이력서 맨 위 본인의 이름 아래에 하우스호퍼는 이렇게 적었다. "내가 시도한 일은 대부분 실패하지만 실패는 눈에 보이지 않는 경우가 많은 반면, 성공은 눈에 확 띈다. 이 때문에 다른 사람들은 내가 일이 잘 풀리는 사람이라고 생각하는 것 같다."

실패하는 방법은 많고, 개중에는 유익한 방법도 있다. 농구 선수 마이클 조던은 모든 실패를 뼈아프게 인지했고, 덕분에 실패 경험은 배우고 성장할 탄환을 제공해주었다. 마이클 조던의 말을 들어보자. "나는 농구 선수로 뛰면서 9천 골 이상을 성공시키지 못했고 경기에서 300번쯤 졌다. 팀의 신뢰를 받고 마지막 순간에 결승골을 던지려 했지만 26번이나 빗나갔다. 나는 살면서 실패하고 또 실패했다. 내가 성공한 이유는 바로 이것이다."

의학의 역사도 대부분 실패와 시행착오의 역사, 실패에서 배우는 과정이다. 발전은 실패의 결과로 오는 것이지, 실패를 무릅쓰고 오는 게 아니다. 외과 의사의 목표는 환자를 치료하는 과정에서 실패를 가능한 적게 하면서 기술을 향상시키고 지식을 넓히는 것이다. 외과 의사는 실패가 멸종 위기에 처한 종처럼 아주 드물게 만났으면 하고, 만약 실패하는 경우 가능한 한 대수롭지 않은 실수를 하기 원한다. 수술이 기대에 못 미쳤다면 추락보다는 경착륙이기를 바란다.

4기 암 환자가 원한 것

죽음 자체는 실패로 여겨지는 경우가 많다. 우리 의사는 고령의 가장 위독한 환자라도 과감한 조치를 해서 그 생명을 구하라는 수련을 받는다. 이 때문인지 나를 포함한 외과 의사는 기이한 상황에 처한다. 최근까지 나를 믿고 따라온 암 환자 1천여 명은 나를 만나고 몇 년 안에 모두 사망했다. 나는 4기, 완치 불가능한 암을 수술한다. 5기는 없다. 그러나 이런 통계에도 불구하고 나는 실패한 의사가 아니다.

나는 유방암이 뇌나 척추로 전이된 환자를 많이 보는 외과 의사이기에, 내 환자는 대부분 여성이다. 4기 유방암은 암이 원발 부위에서 다른 장기로 전이되었다는 의미다. 이들 환자는 많은 경우 처음 유방암이 발견되었을 때 암을 이겨냈지만, 그 후 암이 재발해서 전이되고 좀 더 공격적으로 변한 상태다. 제인은 그런 환자 중 한 사람이었다.

제인의 뇌 MRI 영상을 보니 둥근 모양의 커다란 흰 물질, 즉 거대한 종양이 보였고 이에 제인은 놀라움을 금치 못했다. 제인은 자신이 암을 물리쳤다고 생각했다. 유방과 몸을 검사한 사진에서 암세포가 발견되지 않았기 때문에 그는 간호사로 다시 복귀해 정상적인 생활을 하고 있었다. 그런데 집중하는 일이 어려워지기 시작했다. 타이핑이 느려졌다. 제인의 말을 그대로 빌리자면, 본인이 "정신적으로 무너져 간다"고 생각했다. 제인은 정신에 이상이 생겼다고 생각해서 정신과 전문의를 찾았지만, MRI 영상을 확인하고 나를 찾아오게 되었다.

미국에서는 뇌나 척수에 생기는 암이 매년 2만 3천 건 이상 발생한다. 교모세포종이 그런 암 중 하나다. 제인처럼 유방, 폐 또는 몸의 다른 부위에서 뇌로 전이되는 사례가 이런 암보다 스무 배는 더 흔하다. 제인에게 생긴 암세포는 몇 년 전 유방을 탈출해 이제 머리에 군락을 이루었다. 나는 제인의 머리에 자리 잡은 종양을 떼어냈고, 이후 찍은 뇌 영상에서 종양이 사라진 것을 확인했다. 하지만 제인의 몸에서 암이 완전히 사라진 게 아니었다.

내가 제인의 뇌에서 거대한 악성 유방암 조직을 떼어낸 후 제인은 4년을 더 살았다. 종양은 후두엽 한 곳에 자리 잡고 있어 그는 반대쪽 주변시만 잃었다. 이는 운전을 할 수는 있지만 왼쪽 백미러를 신뢰할 수 없다는 의미였다. 수술 이후 4년 동안 제인은 자녀를 결혼시켰고 손주도 보았다. 그런데 한번은 외래 진료를 보던 중 제인의 미소를 보다 걱정이 일었다. 양쪽 입꼬리가 똑같이 당겨지지 않았다. 입 가장자리에 꼭두각시 인형마냥 줄이 달렸다고 하면, 한쪽 줄이 당겨지지 않았다. 마치 아니꼽게 웃는 것처럼 보였다. 물론 그에게 악의는 전혀 없다는 걸 알았다. 내가 걱정한 부분은 한쪽으로 기운 미소 뒤에 있었다. 얼굴 쪽을 향한 뇌 신경 중 하나가 암세포로 둘러싸여, 마치 휴대전화 신호가 자꾸 끊길 때 통화를 시도하는 것처럼 신경 신호 전달이 느려지고 그 결과 전달이 되지 않는 현상이 벌어지지 않았나 우려가 되었다. 만약 이게 사실이라면 뇌가 떠 있는 체액에 암세포가 존재할 것이다. 따라서 해당 체액의 조직 검사를 실시해야 한다.

그 주 후반, 제인은 척추 뒤에 자리한 지붕널 모양의 뼈에 구멍을 내는 시술을 받으려고 침대에 배 속 태아 자세로 누웠다. 나는 제인의 허리에, 뼈와 뼈를 잇는 종축 인대 사이에 바늘을 찔러 경막초까지 밀어 넣었다. 그랬더니 개울에 발을 디디면 물고기가 이리저리 피하는 것처럼 신경이 스르르 미끄러져 나갔다. 척수는 등 가장 아랫부분에서 끝나 말꼬리처럼 보이는 개별 신경으로 갈라지기 때문에 척추 천자를 하면 뇌척수액을 안전하게 뽑을 수 있다. 이 척수액은 뇌 안에서 순환되는 체액과 동일하다. 나는 척수액을 약간 뽑아 검사실로 보내 병리학자에게 현미경으로 암세포의 유무를 확인해달라고 의뢰할 참이었다. 암세포가 하나라도 발견되면 제인은 암종 수막염 진단을 받게 될 것이다. 이는 뇌와 척수를 분리 및 보호하는 얇은 조직층인 수막까지 암 종양이 퍼졌다는 의미다. 본래 이 척수액은 투명해야 하지만, 제인의 척수액은 그렇지 않았다. 암세포가 너무 많아 스노 글로브처럼 척수액이 탁했다. 최악의 시나리오였다. 이건 런던에 내리는 눈이 아니라 체르노빌을 덮친 방사성 낙진이었다.

제인은 암세포가 뇌까지 전이되었어도 4년간 병마와 싸우며 버텼고, 그 점을 감사하게 여겼다. 마지막 몇 년을 덤으로 살아온 것이다. 그는 나와 만나기 몇 년 전 혈액종양내과 주치의에게 치료를 받으면서 예상했던 여명보다 오래 살았다는 사실에 평온함과 기쁨을 느꼈다. 사실 제인이 처음 나를 찾아왔을 때 그의 첫 반응은 의아함이었다. 왜 유방암 환자가 뇌종양외과 의사가 진료하는 병원에서 삶을 마무리해야 하는가?

따라서 지난 4년 동안 제인과 나는 이미 정해진 숙명, 이미 가기로 결정된 행선지에 관해 이야기를 나누었다. 제인은 4기 환자였다. 그동안 서로를 알아가며 인생에서 불가피한 요소에 관해 의견을 주고받았지만, 마지막 장에서 어떤 이야기가 펼쳐질지는 여전히 예측할 수 없었다. 암이 간이나 다른 부위로 퍼질까? 다른 합병증은 없을까? 신경 쓸 게 한두 가지가 아니었다. 우리는 암종수막염에 대한 이야기 대신, 제인이 스스로 매듭지을 수 있는 우아한 결말에 관해 이야기를 나누었다.

제인의 이상한 비대칭 미소를 본 순간, 나는 내가 우려하는 바를 제인에게 알렸다. 척수액이 탁하게 나왔을 때, 나는 배 속 태아 자세로 누워 있던 제인을 똑바로 눕게 한 다음, 이 사실을 솔직하게 얘기했다. 이건 감추고 있다가 환자가 병원을 방문할 때마다 조금씩 흘릴 문제가 아니었다. 제인은 그걸 원치 않았다. 그는 알고 싶어 했고 알 권리가 있었다. 제인은 내 표정만으로도 사실을 짐작했다. 무슨 말을 할 필요가 전혀 없었다. 환자들이 읽는 것은 의사의 말이 아니라 의사의 기운이다. 제인은 한숨을 한 번 쉬더니 일그러진 미소를 지었다. 몇 분 후 혼자 생각을 추스른 후, 제인은 이렇게 말했다. "선생님의 믿음직한 손으로 우리 크리스마스까지 한번 가봐요." 제인이 말한 내 손은 비유적인 의미의 손이었다. 그때는 여름철이었고 제인은 이제 자신의 수명이 몇 달밖에 남지 않았음을, 수술이 불가능함을 알고 있었다. 그래도 우리는 그 통계상 수치를 뒤로 밀쳐낼 수 있기를 바랐다. 사람들이 제인에게 암이 뇌로 전이되었으니 1년밖에 시간이 남지 않았다고 말했지만, 우리가 합심해서 그 시간을 미룬 것처럼.

이후 나는 몇 달간 꿈속에서도 어떻게 유방암이 뇌의 뼈 수족관으로 전이될 수 있는지 파헤치면서 그 생물학적 원인에 집착했다. 이곳에 암이 전이되면 그야말로 끝장이다. 암 4기 진단을 받은 환자 중에는 몇십 년을 사는 사람도 있다. 몇 년간 사는 사람은 많다. 하지만 뇌척수액으로 암이 전이되면 환자는 고작 몇 달밖에 못 산다. 원발암이 무엇이든 암세포가 뇌와 척수 주변의 체액으로 들어가면 수막암종증 진단이 내려진다. 베테랑 암 전문의라도 이 진단이 내려지는 순간 할 말을 잃고, 바람 빠진 풍선마냥 축 처진다.

과거에는 제인처럼 암이 뇌로 전이된 환자에게 실질적인 치료를 제공하지 않았다. 전통적으로 이런 사례는 희망 없는 상태로 간주되었다. 심지어 오늘날에도 처음 제인에게 시행했던 뇌 수술을 공격적인 치료로 보는 의사가 많으며, 뇌로 전이된 암은 수술하지 않는 의사도 많다. 나는 제인에게 했던 뇌 수술을 공격적이라고 생각하지 않았으며 제인도 마찬가지였다. 제인이 자신의 뇌척수액에 퍼진 암, 가장 깊은 악성종양의 침투를 어떻게 할 건지 물었을 때, 나는 많은 의사들이 듣기에 이상하다 생각할 정도로 수동적인 답변을 했다. 그는 항상 '떠나야 할 때'를 알려달라고 간절히 부탁했기 때문에, 나는 "아마 치료는 전혀 하지 않을 거다"고 답했다. 과거에 나는 제인에게 "우리 함께 가보자"고 다짐했지만, 이에 제인은 머리를 흔들면서 이 말을 되풀이하곤 했다. "제가 물러나야 할 때가 오면 알려주세요."

이제 치료를 그만하자는 얘기는 제인의 혈액종양내과 주치의와 유방암 전문의가 제인의 상태를 살펴보고 치료 방법을 알아보려고 그를 입원시켰을 때 나왔다. 이들은 제인에게 상태 완화를 위해 항암을 하자고 제의했지만, 항암은 고통은 줄일 수 있을진 몰라도 수명을 연장할 수는 없었다. 제인은 고통을 줄이려고 항암을 더 받는 것은 의미가 별로 없다고 생각했다. 병원에 입원하고 제인은 내게 지금이 그때인지 물었다. 나는 머리를 두 번 끄덕였고, 제인은 답으로 머리를 한 번 끄덕인 다음 숨을 깊이 내쉬었다. 천천히 숨을 내뱉는 사이 단호한 결단이 보였다. 암의 진행은 거침이 없다.

제인과 대화를 하는 도중 내가 꺼내고 싶었던 주제가 하나 더 있었다. 나는 제인에게 마지막 수술을 받을 용의가 있느냐고, 사망 후 몇 시간 안에 이루어지는 수술을 감내할 용의가 있느냐고 물어보았다. 쉽게 꺼낼 이야기는 아니었지만, 내가 다른 4기 암 환자와 나누는 이야기였다. 이들의 암은 이미 사망의 씨앗을 뿌렸고 이제 더 이상 번식할 자리가 없다. 이 경우 암은 그 숙주, 환자를 죽인다. 그러나 환자가 사망한 후에도 암 자체는 여섯 시간을 더 버티며 우리에게 종양을 해부할 짧은 시간을 남긴다.

일단 이 암 조직을 채취하면, 우리는 이 조직을 실험실에서 무기한으로 배양할 수 있다. 통상적으로 제인 같은 사례는 희망이 없다고 판단되었기 때문에 전이된 유방암에 대해서는 지금까지 몇 년간 연구가 거의 이루어지지 않았고, 채취된 조직도 충분치 않았다. 나는 이런 상황을 바꾸고 싶었다. 문자 그대로 자신을 갉아먹는 암에 존재 목적이 전혀 없다고 느끼는 4기 암 환자는 자신이 사망한 후 바로 부검이 진행된다는 생각에 조금도 동요하지 않는다. 이들의 몸은 살아나지 못했지만 이들의 마음은 그렇지 않았다. 제인은 내 제안에 전적으로 동의했다.

환자가 조직 채취에 동의한 경우, 사후 몇 시간 안에 이들의 모든 장기가 제거되고 조직이 채취된다. 우리는 유방암 세포가 어떤 돌연변이를 거쳐 그들의 세계, 즉 몸 안에서 다양한 부위를 식민화하는지에 관심이 있었다. 우리는 조직을 떼어낸 후 환자의 두피와 가슴, 복부, 골반을 봉합했다. 따라서 장례식에서 유족들이 관 뚜껑을 연 채 고인의 마지막을 보는 순서도 선택에 따라 진행할 수 있었다. 제인은 도움을 주고 싶어 했다. 그에게 이건 기회였다. 유산을 남길 기회.

제인은 다른 전이암 환자를 살려내는 데 도움을 줄 것이다. 그는 자신의 조직이 신약 개발에 사용되기를 바랐다. 내 실험실에서는 어떻게 암세포가 몸의 다른 부위로 전이되는지 밝혀내려고 제인의 암세포와 다른 환자에게서 얻은 세포를 연구하고 있다. 어떻게 불량배 같은 유방암세포가 원래 있던 장기를 탈출해 다른 장기로 이동할까? 그리고 어떻게 암세포가 다른 장기에 침투해 그곳에서 뿌리를 내릴까? 암의 생물학적인 취약점을 찾을 수 있을까? 일단 뭔가 알아내야 암을 무너뜨릴 수 있다.

비록 제인은 살려내지 못했지만, 이 실패는 캐리나 때와는 다른 종류의 동력이 되었다. 덜 고통스러웠고, 더 건설적이었으며 좋은 방향으로 이용할 수 있었다. 우리는 실패에서 배울 수 있다. 패배했어도 전진할 계획을 짤 수 있다. 캐리나의 수술 후 나는 배워야 했고 앞으로 나아갈 방도를 찾아야 했다. 이건 시간이 걸리는 일이었고 이 때문에 여러모로 외과 의사로서의 나 자신에 도전장을 내밀었다. 건강치 못한 방식으로.

수술 후 내가 캐리나와 그 부모에게 캐리나가 다시 걸을 수 있는 일말의 가능성이 있다고 얘기하면서 전한 희망의 메시지는 앞으로도 내 마음속에 변치 않고 자리할 것이다. 10년 넘게 암 수술을 진행한 지금도 나는 캐리나에게 분명 그때와 똑같이 말해줄 것이다. 그때 당시 나는 두려웠기 때문에, 또 나 스스로를 위해 그런 말을 했다. 하지만 지금 와서 생각해보면, 그런 폭탄 같은 발언을 할 때는 한 줄기 희망을 던져줄 필요가 있다. 병원에서 몇 주간 입원해 있으면서 환자가 1분 1초, 하루하루 스스로 마음을 다잡고 상황에 적응하게 되면 앞으로 나아질 리 없다는 현실이 보이기 시작한다. 하지만 보기 드물게 회복하는 환자가 있고, 그렇지 않더라도 적어도 장과 방광 기능은 유지한다. 이때 한 줄기 희망이 앞으로 다가올 고난의 시기를 견디도록 도와주는 게 아닐까. 캐리나의 경우, 나는 이미 벌어졌던 끔찍한 현실에서 나 스스로를 지키려고 그런 말을 했지만, 캐리나와 그 부모를 위해서도 희망을 주는 것이 올바른 일이라는 생각이 들었다. 나는 이들 가족에게 연락을 취했지만, 그 후 캐리나나 그 부모의 소식을 다시는 듣지 못했다. 이들의 현실을 상상하고 그저 나 홀로 실패를 감당할 수밖에 없었다.

실패의 뒷굽이 우리를 짓누를 때 어떻게 다시 일어나는가는 중요한 문제다. 개인적인 일이든 직업적인 일이든, 인생에서 돌이킬 수 없는 실패는 살아가는 동기와 추진력 그리고 성장의 원천이 될 수 있다. 캐리나 사건은 계속 배우고 발전을 향해 노력하라고 나를 더 좋은 쪽으로 밀어주었다.

5

믿음

신앙과 과학 사이에서

비행기가 해수면에서 가파르게 상승하자 나는 오른쪽 팔걸이를 살짝 움켜잡았다. 창가 자리에서 멋진 산봉우리를 보느라, 비행기가 착륙하려고 위험하게 고도를 낮추는 걸 알아채지 못했다. 페루 리마에서 이륙하는 건 쉬웠지만, 이제 조종사는 헬리콥터에나 맞을 법한 좁은 활주로에 여객기를 착륙시켜야 했다. 볼리비아 라파스 근처, 엘알토 공항 활주로는 사화산에 놓인 테이블의 윗면처럼 보인다. 이곳은 기온과 고도가 높아 고속으로 접근해야 한다. 비행기에 탄 사람들은 모두 이 지역 사람들이라, 비행기가 하강하며 내는 덜커덩거리는 소리에도 동요하지 않고 침착하게 앉아 있었다. 곧 비행기가 착륙했다.

내 왼쪽 관자놀이가 망치에 한 대 맞은 듯 튀어나와 있었다. 안와 상부 바깥쪽 테두리에서 놀라울 정도의 통증이 느껴졌다. 손가락으로 관자놀이를 만져보면서 혹시 기내 모서리에 머리를 부덮쳐 피가 났나 생각했다. 하지만 그쪽 피부는 보송보송했다. 통증은 머리 바깥이 아닌 안쪽에서 생긴 것으로, 남아메리카 서부 연안의 해수면에서 순식간에 해발 3,500미터 이상의 고도로 올라오면서 생긴 편두통이었다. 공기가 희박해서 숨을 쉬는 게 힘들었고, 그 결과 대뇌동맥이 지끈지끈 쑤신 것이었다.

2002년 나는 그곳의 유일한 어린이병원 원장인 호르헤를 만나러 라파스에 갔다. 이 여행이 아직도 기억에 남아 있는 이유는 편두통과 비행기의 가파른 하강 때문이기도 했지만, 그곳에서 경험한 일이 내게 깊은 영향을 주었기 때문이다. 그곳에 도착했을 당시에는 이런 영향을 받으리라고는 생각지도 못했다. 나는 그곳 병원에서 신앙에 대한 이해를 재정립해 줄 수술에 참여할 참이었다. 나는 이 병원에 협력을 제의하고 이곳에 현대적 수술 도구를 갖추는 데 필요한 도움을 주고자 손길을 내밀었다.

엘알토 공항은 라파스보다 더 높은 고원지대인 알티플라노에 있다. 절벽은 이 고대 도시 쪽으로 아주 급격한 경사를 이루었는데, 라파스는 울퉁불퉁한 가마솥 모양의 능선 위에 조성되었고 사방으로 케이블카가 도시를 관통하며 연결되어 있다. 대부분의 도시에서 사람들이 살아가는 모습과는 반대로, 이곳의 빈민층은 가장 높은 지대에 격리되어 있다. 이들은 자기 집에서 최고의 전망을 즐길 수 있지만 케이블카를 탈 돈이 없으면 집까지 험난한 등반을 감수해야 한다.

호르헤와 나는 구불구불한 길을 걸으며 산책했다. 걸어가는 도중 죽은 쥐, 아니 죽은 쥐처럼 보이는 동물 두 마리의 사체가 보였다. 뭔가 이상했다. 가까이 다가가서 보니 쥐가 아니라 머리가 잘린 박쥐의 복슬복슬한 몸통이었다. 나는 호르헤에게 어떤 동물의 짓이냐고 물었다. 호르헤는 '이 친구 참 순진하군' 하는 표정을 지었다. 그는 날카로운 날로 말끔하게 잘린 목 부위를 가리키면서 동물의 짓이 아니라 사람의 짓이라고 했다.

호르헤는 이게 '아마존의 약'이라고 알려주었다. 볼리비아 사람들은 신선한 박쥐 피를 마시려고 시장에서 살아 있는 박쥐를 산다. 박쥐 피에 병을 낫게 해주는 성분, 특히 발작을 억누르는 성분이 있다고 믿기 때문이다. 합법적인 것도 아니고 효과를 뒷받침하는 어떤 자료도 없지만, 발작이란 게 본래 정해진 규칙 없이 간간이 일어나다 보니, 사람들은 발작이 잠시 멈췄다면 이게 우연의 결과가 아니라 박쥐 피를 마셔서 그렇다고 믿는다. 하지만 호르헤는 아마존 '약'의 신봉자들을 경시하지 않았다. 그는 이들의 생각을 바꾸려면 시간이 필요하다고 말했다. 우리가 이들에게 현대 의학의 약이 도움이 된다는 것을 (라파스에서 구하기 힘들긴 하지만) 보여주어야 했다.

의학은 고대부터 현대까지 희망이라는 토대 위에 구축되었다. 사람들이 박쥐 피의 효능을 믿든 뇌 수술의 효과를 믿든, 희망은 환자들에게 자신이 현재에 영향을 끼치고 미래를 계획할 이유 있는 존재라고 여기게 한다. 고립, 고통, 불확실성에 직면했을 때 희망은 우리의 곁을 지키는 아군이다.

'신의 목소리'를 듣는 소년

호르헤는 그곳에서 만나기로 예정되었던 환자, 치코('젊은 남자'를 뜻하는 스페인어 애칭)를 나에게 소개했다. 치코의 세상은 실질적으로나 비유적으로나 상당히 불안한 상태여서 그에게는 희망이 필요했다. 치코는 노동으로 잔뼈가 굵은 가장이었지만, 겨우 15세밖에 되지 않은 소년이었다. 호르헤는 치코에게 부드럽지만 단호하게 말했다. "우리는 이런 운명에 흔들리지 말고 맞서야 해요." 그는 마치 어른에게 수술 동의를 구하는 것처럼 치코에게 말했다. 치코에게는 여전히 그 나이 또래의 소년 같은 면이 있었지만, 그의 손을 보면 그가 몇 년이나 노동을 했다는 것을 알 수 있었다.

그리고 그의 손은 치코에게 병이 있다는 것도 드러냈다.

호르헤는 치코에게 자기가 손바닥에 무슨 숫자를 쓰는지 맞춰 보라고 했다. 1의 직선과 3의 곡선 패턴을 구분하라는 말이었다. 하지만 이 소년은 손바닥에서 시선을 떼며 모르겠다는 표정을 지었다. 손가락 실인증. 이 질환의 환자들은 손가락 끝으로 점자를 읽을 수 있고, 다른 사람이 허공에 그리는 숫자를 알아볼 수 있지만, 누군가 손바닥에 손가락으로 숫자를 쓰면 알아보지 못한다. 우리는 그의 손에 나타난 증상을 보고 좌뇌가 발작의 원인이라고 판단했다. 또한 치코는 신앙심이 깊었는데, 이러한 과종교증hyper-religiosity은 그의 발작이 측두엽에서 시작되었다는 또 다른 단서였다.

치코의 뇌전도에서 측두엽 간질이 나타났고, 뇌 스캔을 해보니 과오종(정상 세포가 비정상적으로 성장해 생긴 양성종양—옮긴이)이 기형으로 대뇌피질에 나타나 있었다. 대뇌피질은 얇지만 복잡하다. 현미경으로 봐야 하는 층이 여섯이나 있는 구조로, 덩굴 같은 뉴런이 각각 다른 높이를 타고 올라가는 듯한 모습이다. 뉴런이 어느 층으로 올라가느냐는 피질에서 신호를 받는지, 반대쪽 뇌 반구에서 받는지, 또는 뇌간과 척수에서 받는지에 따라 결정된다. 치코에게 생긴 과오종은 이 여섯 층을 엉망으로 만들었다. 마치 뇌라는 정원의 대뇌피질을 갈아엎은 것 같았다. 그 결과, 뉴런이 엉뚱한 층에서 발화했고 정상적인 신호를 교란하는 전기 폭풍이 일어났다. 이런 현상이 발생하면 치코는 부분적인 발작을 겪었다. 발작이 부분적으로 일어나는 이유는 그의 뇌 일부분만 영향을 받기 때문이었다.

부분 발작은 치코의 일부분이었고 마을 사람들도 이를 알고 있었다. 이런 발작 때문에 치코는 멍하게 허공을 바라보는 것처럼 보였다. 어떤 사람들은 치코가 이럴 때 내면의 영적 세계를 보는 거라고 말했다. 치코는 간질 발작으로 인해 어떤 낙인도 접하지 않았다. 오히려 이 발작을 소중히 여겼고 심지어 환영하기까지 했다. 이렇게 멍하게 허공을 바라보며, 자기 내면의 영적 세계를 접하면서 그는 아마존의 자연과 신과 그가 다니는 성당과 연결되었다. 그리고 치코는 이 덕분에 어느 정도 유명 인사가 되었다.

간질은 오랫동안 종교적 열정, 무아지경의 신비한 경험, 신성한 환시와 관련된 것으로 여겨졌다. 잔 다르크의 심오한 종교적 체험이 간질이나 발작에서 유래되었다고 믿는 사람들도 있다. 잔 다르크는 자신이 '위대한 빛'과 함께 찾아오는 소리와 환시를 통해 영감을 받는다고 말했다. 그는 13세 때 아버지의 정원에서 신의 목소리를 처음 들었다고 말했으며 처음에는 섬뜩 놀랐다고 밝혔다. 오늘날 학자들은 잔 다르크가 측두엽 간질을 앓았을지도 모른다고 추측한다.

또한 측두엽 발작은 성 바오로의 개종을 촉발했을 것이다. 다마스쿠스로 가는 도중 "갑자기 하늘에서 빛이 번쩍이며 그의 둘레를 비추었다. 그는 땅에 엎어졌다." 자리에서 일어났지만 그는 사흘간 눈이 먼 상태로 있었다. 바오로는 〈코린토 신자들에게 보낸 둘째 서간〉에서 자신이 "환시와 계시"를 경험했으며 "낙원까지 들어 올려진 그는 발설할 수 없는 말씀을 들었"다고 썼다. 그는 당시에는 자신이 "몸째 그리되었는지 몸을 떠나 그리되었는지" 알 수 없었다고 얘기했다. 바오로는 글을 많이 쓰는 사람으로 유명했는데, 측두엽 간질의 또 다른 부작용으로 글을 쓰거나 스케치하고 싶은 욕망이 주체할 수 없을 정도로 강렬한 하이퍼그라피아hypergraphia를 앓았을 가능성이 있다.

측두엽 간질을 앓는 환자 일부는 종교적 체험을 한 적이 있다고 말한다. 환자들은 신이 자신에게 임했고 신의 목소리를 들었으며 구원을 경험했다고 말한다. 의료진은 끊임없이 샘솟는 종교적 환시를 실마리로, 치코의 신체 생리가 정상이 아니라는 의학적 진단을 내렸다. 그러나 그에게 환시는 소중히 간직할 대상이었다. 믿음은 뇌의 화학적, 분자적, 전기 생리학적 공간에 거주하고 다른 전기의 흐름, 즉 보상 및 각성과 매끄럽게 통합된다.

내게 신앙은 환자들이 암을 헤쳐 나가는 여정에서 위안을 주는 동료였고, 나는 그 모습을 여러 번 지켜보았다. 암 수술을 받는 날 아침, 환자 거의 모두가 신앙에 위안을 받는다. 환자는 또한 신앙의 도움으로 아무리 끔찍한 상황이라도 그들의 경험을 본인의 서사로 잘 엮어낸다. 또 한 가지, 신앙은 환자에게 희망을 주고 그들이 잘 버티도록 도와준다. 신앙과 희망은 떼려야 뗄 수 없는 관계이고, 환자가 암에 맞닥뜨렸을 때 아주 값진 역할을 한다.

치코를 만나기 전, 나는 환자가 품은 신앙의 깊이와 힘을 이해하지 못했다. 내 생각이 얕고 회의적이었기 때문이다. 반면 치코는 자신의 신앙에 의문을 제기하지 않았다. 그는 세상을 초월하는 순간을 본인의 인생에서 환영할 만한 일로 받아들였다. 하지만 악화되는 발작으로 수술을 받으면, 심오한 영적 세계와의 깊은 연계는 끝날 것이다.

치코에게 일은 선택의 문제가 아니었다. 내가 보기에 그는 겨우 15세로 여전히 어린 소년이었지만 노동의 영역에서는 가족을 부양하려고 땅을 일구는 성인 남자였다. 그런데 그런 치코가 쓰러졌고, 또 쓰러지기를 반복했다. 부분 발작이 전신 발작으로 진행되어 뇌 전체에 영향을 주었고 갑자기 의식을 잃는 증상이 나타났다. 그리고 이 문제로 인해 치코는 자신을 걱정한 것이 아니라, 가족을 위해, 마을을 위해 일을 계속하지 못할까 봐 걱정했다. 이제 문제는 점점 커져 급기야 그는 어린이병원까지 오게 되었다.

호르헤와 치코가 나누는 이야기를 들어보니, 치코가 복용하는 약을 서서히 줄여 고의적으로 약을 끊은 것 같았다. '자체적으로 약을 끊는 것'은 지금 있는 그대로의 마음을 선호한다는 환자의 의사 표시다. 약을 끊으면 약물에 통제받지 않고, 약 기운 때문에 무감각해지는 일도 없고, 충족감을 못 느끼는 일도 없다. 이는 곧 비정상적 전기 신호뿐 아니라 인생에 깊이와 전율을 만들어주는 전기 발작을 약으로 진정시킬 수 없다는 의미였다. 치코는 약을 복용하고 싶어 하지 않았지만, 그에게 약을 다시 먹인다 해도 추락하는 그를 구해낼 수는 없었다. 그는 약을 먹으면 다시 우울감을 느꼈고, 기절한 후 깨어났을 때는 본인이 소중히 여겼던 명료함과 영적인 세계와의 연결감을 더 이상 느끼지 못했다. 이 부분을 치코가 가장 아쉬워했다. 그는 이 점 때문에 수술을 걱정했다. 그는 두개골을 여는 수술에서 깨어나지 못할까 봐가 아니라 천상과의 연결이 끊어질까 봐 걱정했다.

어떤 환자들은 기분의 급격한 변화, 즉 신경전달물질의 높은 파고를 타며 서핑을 즐기려고 정신과 약을 서서히 줄인다. 조울증 환자들은 약물을 끊고, 금주 중인 사람들은 술을 조금씩 가까이한다. 이들처럼 치코도 약물을 복용하고 싶어 하지 않았다. 약값이 비싸 가계에 부담이 되어서가 아니었다. 그는 부분 발작과 그사이에 찾아오는 느낌, 단순한 느낌이 아니라 자기 내면의 감정과 내면의 삶 밖의 무엇인가와 연결된 느낌을 좋아했다.

치코와 마찬가지로 표도르 미하일로비치 도스토옙스키Фёдор Михайлович Достоевский도 간질을 겪었지만, 당시에 나온 항발작제 브로민화칼륨(19세기 말과 20세기 초에 항경련제와 진정제로 널리 사용된 약물―옮긴이)을 좋아하지 않았다. 어쩌면 도스토옙스키는 간질 발작 직전 무아지경의 상태를 즐기려고 스스로 약물을 서서히 끊었을지도 모른다. 간질 직전에 느끼는 이상 감각은 그에게 "정상적인 상태에서는 생각할 수조차 없는, 경험하지 못한 사람은 전혀 상상할 수 없는 행복"을 경험하는 순간이었고 "자신과 우주 전체가 완벽한 조화를 이루는" 시간이었다. 이런 초월적인 감각 때문에 도스토옙스키는 자신이 그의 우주에서 특별한 공간을 점유하고 있고, 발작에 위대한 목적이 있다는 생각을 갖게 되었다. 치코의 환시 역시 그에게 목적의식을 선사했다. 그는 환시 덕분에 10대 노동자로서는 드물게 교회에서 특별한 지위를 부여받았다.

의료진이 어린이병원 3층에 도착했을 때, 치코는 수술대에 모로 누워 있었다. 우리 목표는 포도알 크기의 과오종과 발작을 일으키는 원천을 들어내는 것이었다. 그곳에 있는 수술팀 구성은 로스앤젤레스의 내 수술팀 구성과 비슷했고 수술 도구 이름도 비슷했지만, 나에게는 꽤 익숙한 현대적 도구 몇 개는 빠져 있었다. 그곳 수술실에는 뇌 수술을 처음 시작한 옛 의사들의 기록에서만 읽었던 도구 몇 개가 자리를 차지하고 있었다. 비닐은 전혀 없었다. 수술실 안은 온통 천 가리개와 시트뿐. 미국에서는 모든 도구가 개별적으로 사용되도록 비닐 안에 담겨 있지만, 이곳에서는 수술 도구가 신생아처럼 천에 싸여 정성스럽게 옮겨졌다. 강철로 된 수술 도구는 몇십 년간 사용해 매끄러웠다. 일부 금속 도구의 손잡이는 외과 의사의 손놀림으로 인해 닳아 있었다. 마치 몇천 번 밟혀 비스듬하게 사선으로 깎인 대리석 계단처럼, 강 물살에 씻긴 조약돌처럼.

레지던트로서 두개골을 여는 일은 내가 담당했다. 치코 귀 위쪽에 편자 모양으로 칼집을 내어 재빨리 절개하니 두피가 벌어졌다. 하지만 측두엽 위쪽의 두개골을 여는 작업은 까다로웠다. 귀 바로 위쪽 두개골은 매우 얇고, 정수리쪽으로 올라갈수록 두개골은 두꺼워진다. 이는 크레이프와 두꺼운 팬케이크의 차이와 비슷해서, 두개골에 구멍을 뚫을 때는 그 두께를 염두에 두어야 한다.

호르헤는 두개골에 구멍을 뚫는 일이 고대의 영적 의식이었다고 말해주었다. "어떤 환자들은 악마를 내보내려고 구멍을 내달라고 하지만 우리는 더 이상 그런 수술은 하지 않아요." 두개골천공술이라는 이 의식은 몇천 년 전에 시작되었고, 치무족이라는 토착 부족 내에 이 의식을 행하는 유능한 전문가가 있었다. 이들은 특별한 도구를 사용했고 우리가 수술하고 있는 곳에서 멀지 않은 이웃 페루에 살았다.

두개골에 구멍을 내는 일은 전기 드릴이나 압축공기 드릴이 있어도 고된 작업이다. 치코의 두개골에 구멍을 내려고 나는 '허드슨 브레이스'라는 핸드드릴을 사용했다. 전에는 한 번도 만져본 적이 없는 도구였다. 이 수술 도구는 몇백 년간 두개골에 구멍을 내는 데 사용되었다. 내가 사용한 드릴은 16세기 외과 의사 조반니 안드레아 델라 크로체Giovanni Andrea della Croce(베네치아에서 활동한 의사로 상처를 현대적으로 치료한 의사로 유명하다. 베네치아 공화국 해군 함대의 외과 의사로 활동했다—옮긴이)가 설계하고 자신의 저서《일곱 권의 수술 책Chirurgiae Libri Septem》에 소개했던 장식이 화려한 버전과 아주 유사한 모양이었다. 이 책에 수록된 다른 그림에서는 한 귀족이 자기 집 침대에 누워 두개골천공술을 받는 모습이 나온다. 내가 할 작업은 400년 전 이 그림 속의 외과 의사가 수공구를 사용해 측두엽 위에 구멍을 내는 일과 똑같았다.

내가 두개골 네 군데에 큰 구멍을 내자 호르헤는 섬세한 끌로 두개골에서 비스킷 크기의 원형 뼈를 들어올렸다. 미국에서 사용한 압축공기 드릴과 달리 뼛가루가 덜 생겼고, 이는 곧 이 뼈를 돌려놓을 때 본래 있었던 제자리에 좀 더 딱 맞게 들어갈 거라는 의미였다. 호르헤는 내게 '전통적' 수술을 하는 방법을 보여주고 있었다. 그는 침착한 모습으로 평정심을 유지한 채 수술을 진행했다. 뇌 수술을 할 때 나는 이 부분이 좋다. 나는 좀처럼 보기 드문 장면, 신비로운 모습, 엄청난 책임이 따르는 중요한 순간을 목격하고 있었다. 일단 이 세계에 들어오면 잡생각은 뒤로하고 내 솜씨를 발휘해야 한다.

경막을 열면 그 아래에 뇌가 튀어나와 있다. 이는 곧 뇌 역시 절개될 수 있다는 의미다. 여기에서는 메스가 단 몇 밀리미터만 깊게 들어가도 몇천 개의 뉴런 연결이 끊겨 환자는 언어 같은 기본 기능, 그리고 어쩌면 영성을 잃을 수 있다. 치코는 캔버스 천 소재의 이불을 덮고 모로 누워 있었다. 우리 의료진은 왼쪽 측두엽 위에 낸 창을 이용해, 수술을 끝낼 때 그 부위를 말끔하게 닫을 수 있도록 경막을 잘라서 벗겨냈다. 우리는 경막을 X자 모양으로 잘라 '수술 부위를 표시'했다. 엽상부가 뒤쪽으로 접혀서 드러난 정사각형 모양의 뇌 부분이 마치 만다라(힌두교와 불교에서 종교적 수행 시에 수행을 보조하는 용도로 사용하는, 기하학적 상징으로 구성된 그림—옮긴이)처럼 보였다.

이제 경막은 시야에서 사라졌고, 물결 모양으로 튀어나온 부분, 즉 대뇌고랑의 얕은 골에서 보기 흉한 작은 조직 다발을 희미하게나마 볼 수 있었다. 이 조직이 제거해야 할 과오종이었다. 인간의 대뇌피질은 뇌 바깥쪽에 1센티미터 두께로 형성되어 있다. 뇌의 모든 부분이 다 동일하지 않은 것처럼 대뇌피질의 구조도 사람마다 제각각이다. 인간의 진화 과정을 따라 겹겹이 층이 쌓인 피질 덮개라고 보면 된다. 신피질은 우리 뇌에서 가장 나중에 생긴 부위고 구피질이 그 아래에 자리한다. 바로 여기에서 우리는 자신의 정서를 발굴한다. 신피질은 몇천 년에 걸쳐 구피질에서 진화했고, 서서히 팽창하면서 인류의 이마를 앞으로 밀어냈다. 신피질의 여섯 층은 감각 인식, 공간 추리, 운동 명령, 언어 및 의식적인 사고를 담당한다.

치코의 과오종은 이 복잡한 체계를 뒤엎을 정도로 많이 자라 비정상적인 전기 신호를 유발했다. 이 전기 신호는 부분적인 발작을 일으켰지만, 치코에게 생의 의미와 통찰력을 안겨주었고 그가 심오한 영적 세계에 접속하도록 했다. 뇌의 한 부분에만 국한

되었던 비정상적인 전기 신호는 수술을 거쳐 뇌 전체로 퍼졌다. 이제 신호는 뇌 반구 전체에 영향을 주었고, 발작은 더 이상 치코의 내면세계에 영적인 면을 선사하지 못했으며, 대신 그는 바닥에 쓰러져 의식을 잃게 되었다. 이제 치코에게는 오직 한 가지 선택지만 남아 있었다. 바로 의료진에게 믿음을 가지는 것이었다.

뇌를 탐험하며 밝혀진 비밀

간질은 1930년대 신경외과 의사인 와일더 펜필드Wilder Penfield(미국 출신인 캐나다의 신경외과 의사로, 인간의 대뇌와 신체 각 부위 간의 연관성을 규명한 '펜필드의 뇌 지도'로 유명하다—옮긴이)가 몬트리올 시술Montreal Procedure(펜필드와 그의 팀이 만든 최초의 간질 수술 기술. 뇌 조직을 보존하고 뇌 기능 손실을 최소화했다—옮긴이)이라는 기술을 개발한 후에야 비로소 수술을 통해 치료하게 되었다. 몬트리올 시술이라는 이름이 붙은 이유는 펜필드가 당시 로열빅토리아몬트리올종합병원에서 근무했기 때문이다. 펜필드는 환자를 부분 마취한 상태에서 환자의 두개원개를 제거해 뇌를 노출시킨 후, 뇌의 각기 다른 부위에 작은 전극을 갖다 댔다. 수술 중 환자는 깨어 있는 상태였다. 뇌 자체에는 신경이 없어서 약한 전류를 가할 경우 환자는 전혀 고통을 느끼지 않는다. 환자는 깨어 있기 때문에 본인의 느낌을 그대로 얘기할 수 있었다. 펜필드는 간질 발작이 일어나기 전 냄새, 시각, 감정을 유발하는 뇌 부위를 찾아 그 조직을 제거하면 발작을 멈추게 할 수 있겠다고 생각했다. 펜필드는 발작의 발원지에 도달해서 환자가 그곳이라고 얘기할 때까지 환자의 뇌를 체계적으로 매핑^mapping(데이터의 체계와 구조를 지도화하듯 파악하는 작업―옮긴이)했다. 실제 진이라는 한 환자는 "느낌이 이상해요. 공격을 당한 것 같아요"라고 말했다. 같은 부위에 전극을 한 번 더 갖다 댔더니 진은 사람들이 자기에게 소리치는 소리가 들린다고 말했다. 다시 전극을 대자 진은 "끔찍한 일이 일어날 것 같아요……. 저를 버리고 가지 마세요"라고 애원하며 울기 시작했다. 그 순간 진은 전신마취에 들어갔고 측두엽의 작은 부위가 제거되었다.

펜필드가 환자를 깨운 채 시행한 수술은 간질 치료 그 이상의 수확을 안겨주었다. 한때 불투명했던 세계를 들여다볼 창이 만들어져, 인간이 뇌의 기능 작용을 이해할 수 있게 된 것이다. 수술 받는 동안 환자는 기억과 꿈, 감정, 냄새, 감각을 이야기했다. 그는 이들 각각의 위치를 확인하고 다른 감각의 위치도 더 알아보았다. 한번은 한 여성 환자의 뇌에 전극 실험을 한 적이 있었는데,

이 환자는 멜로디가 들린다고 말했다. 깜짝 놀란 펜필드는 같은 부위에 전극을 서른 번이나 대보았다. 환자는 매번 같은 멜로디가 들린다고 했다.

1950년대 중반까지 펜필드와 그의 동료들은 신경질환 수술을 1천 건 이상 시행했다. 뇌를 탐험하는 이 초현실적인 수술에서 펜필드와 그의 환자는 서로 협력하는 관계였다. 환자와의 관계를 설명하면서 펜필드는 이렇게 말했다. 비록 외과 의사는 "과학의 수단과 도구를 지배하지만…… 수술대 위 이불을 덮고 누워 있는 환자 역시 듣고 궁금해하고 이해하려고 노력한다. 이 둘 사이에 뇌 기능의 비밀이 자리한다"고 말이다.

펜필드는 뇌의 로제타석(1799년 나폴레옹 원정 시 나일강 하구의 로제타 부근에서 발견되어 고대 이집트 상형 문자 해독의 실마리가 된 비석. 문제 해결 등의 중대한 열쇠를 의미한다―옮긴이)을 마련했다. 펜필드가 활동하기 전까지는 다친 뇌에서 알아낸 단편적인 지식에 의존해 부상으로 잃은 기능을 통해 뇌 기능을 유추했다. 그의 실험으로 이제는 뇌가 그 속을 보여줄 수 있게 되었다.

펜필드는 전극으로 약한 전기 자극을 가해 다른 초자연적 경험도 만들어냈다. 발작 증상이 있는 33세의 한 남자는 뇌섬엽 근처 오른쪽 측두엽에 전기 자극을 받자 이렇게 소리쳤다. "세상에! 제가 제 몸에서 나가고 있어요." 펜필드는 다른 환자들의 측두엽에서 영적 감성을 끌어내기도 했다. 펜필드는 그때까지 대부분 불가사의의 원천, 미지의 땅으로 남아 있던 뇌의 기능을 부위별로 각각 밝혀냈다. 그는 이렇게 말했다. "나는 탐험가다. 하지만 미지의 땅을 발견하려고 나침반과 카누를 사용했던 선대의 탐험가들과 달리, 나는 인간의 뇌를 탐험하고 그 지도를 그리기 위해 메스와 작은 전극을 사용했다."

치코의 과오종을 제거하기 전 우리는 펜필드의 선례를 좇아 이 소년의 뇌를 매핑할, 즉 뇌의 지도를 그릴 필요가 있었다. 뇌 기능 지도는 각 기능의 대략적인 위치를 알려주므로 우리는 이번 수술을 위해 정확한 주소를 확인해야 했다. 특히 치코의 측두엽 부위는 주의를 기울여 절개할 필요가 있었다. 측두엽에는 믿음뿐 아니라 언어 기능도 있다. 치코의 뇌에서 중요한 부위를 다치게 해서 그에게 언어를 이해하고 말하는 능력을 빼앗고 싶지 않았다.

기능을 통제하는 특정 뇌 영역을 주요기능영역이라고 한다. 우리는 치코의 뇌 피질을 매핑해 그의 대뇌피질 덮개에서 주요기능영역과 아닌 곳을 구분할 수 있었다. 이 두 부위를 분리하고 나니, 과오종이 있는 곳까지 가려면 어느 부위에서 대뇌피질을 갈라야 할지 감이 왔다. 환자가 깨어 있는 상태에서 뇌를 매핑하는 일은 왼쪽 측두엽 수술의 표준 절차다. 이렇게 하면 어느 부위를 절개해야 안전한지 알 수 있다. 환자가 깨어 있지 않은 상태에서 이런 절차를 진행하는 것은 산악 지형에서 눈을 감고 비행하는 것처럼 무모하다.

치코의 과오종이 모습을 드러낸 상태에서 호르헤는 약한 전류를 전달하는 펜을 이 소년의 머리에 갖다 댔다. 이 도구는 호르헤의 손가락에서 뻗어나온, 일종의 연장선이었다. 마치 신경이 호르헤의 손가락 끝에서 이 금속 도구로 들어가 그 어딘가로 뻗어가는 것 같았다. 그는 40년간의 경험에 따라 빠르고 체계적으로 움직였다. 나는 그의 손놀림에 매료되었다. 나는 펜필드의 뒤를 이은 세대의 외과 의사를 보조하는 중이었고, 이제 그는 나를 가르치고 있었다. 치코의 뇌 표면에서 호르헤는 펜을 움직이며 뇌를 매핑했다. 미세한 전류는 반응과 반응 정지를 유발했다. 때때로 치코는 말을 했고, '언어 정지speech arrest'라는 말을 멈추는 현상도 보였다. 만약 의료진이 이 부분을 절개하면 치코는 영원히 말을 못 하게 된다.

펜필드는 환자의 뇌에 숫자가 적힌 작은 정사각형이 그려진 종이를 올려놓고 뇌의 구조를 매핑했다. 우리는 색깔이 있는 작은 동그라미 모양 종이를 사용했다. 한 간호사가 어떤 동그라미에는

X 표시를 하고 어떤 동그라미는 빈칸으로 남겨놓았다. 전기 자극으로 언어 정지가 유발되지 않은 곳에 X가 표시된 동그라미를 겸자로 집어 올려놓았다. 머리 위에 올려진 종이는 마치 보물이 있는 곳을 알려주는 해적 지도 같았다. 드디어 우리는 이 피질 부위에 구멍, 즉 문을 낼 수 있었다. 대뇌피질에서 사고와 능력이 나오고, 안전한 창을 통해 피질을 지나면 일단 마음을 좀 놓을 수 있다.

매핑 작업 도중 치코는 때로 숫자를 세고 정상적으로 책을 읽었다. 그리고 때로는 거의 음악 같은 리듬을 타면서 노래 가사를 읊조리거나 시어를 낭송했다. 그의 입에서 아르볼레스^{árboles}, 아니말레스^{animales}, 디오스^{Dios}, 리오스^{ríos}, 마드레^{madre}, 훈토스^{juntos}, 시엠프레^{siempre} 같은 단어가 흘러나왔다. 각각 스페인어로 나무, 동물, 신, 강, 어머니, 함께, 항상이란 뜻이었고, 내가 똑똑히 기억하는 단어였다.

수술하는 동안 의료진은 뇌를 매핑하느라 전극으로 뇌 표면을 자극했는데, 이 전기 신호로 치코는 발작을 일으킬 때와 동일한 감정을 느꼈다. 수술 중 치코가 깨어 있는 상태에서 준 자극은 그가 가장 소중히 여기는 생각과 감정에 마지막으로 접속할 수 있는 기회를 주었다. 그 시간은 깊은 영성을 체험하게 될 마지막 기회였다. 수술 중 치코가 신과 자연이란 단어를 내뱉었기 때문에 나는 호르헤에게 치코가 독특한 사례인지, 아니면 신과 연결되었다는 느낌이 간질 환자에게 나타나는 전형적 현상인지 물어보고 싶었다. 호르헤는 내가 이 질문을 하고 싶어 한다는걸 눈치 채고, 내가 물어보기도 전에 "이건 흔한 현상이다"라고 말했다. 수술 중 깨어 있는 환자들이 자연과 천국을 말하기도 할까? 호르헤는 가톨릭 신도들은 그리스도 얘기를 하기도 한다고 했다. 원주민 부족 출신 아이들에게는 신앙, 감정, 이해, 경험이 혼재하므로 이들은 보통 자연과 신을 둘 다 얘기한다.

수술을 잘 마무리한 후 호르헤는 이렇게 말했다. "치코가 앞으로의 인생을 받아들였으면 좋겠네요."

슬프게도 수술 중 치코가 단어를 내뱉고 감정을 느끼던 순간은 그가 자신의 사적인 영성과 깊은 관계를 맺는 마지막 시간이었다. 이건 간질 치료의 '부작용'이었다. 그는 마취에서 깨어나 회복해서 발작을 일으키지 않고 다시 노동할 수 있었지만, 자신에게 정말 특별했던 영적 접속은 다시 경험하지 못했다.

호르헤의 집에서 저녁을 먹으면서 호르헤의 아내는 아마존에 '발견되지 않은' 부족이 있다고 말했다. 바깥 세계의 인간이나 종교에 전혀 노출되지 않은 부족으로, 높이 나는 비행기를 UFO라고 생각하는 사람들이다. 그들에게는 비행기가 UFO다. 이 말에 호르헤와 나는 서로를 바라보았고, 그날 아침 수술 생각이 마음속에 남아 있었던지 호르헤가 먼저 말을 꺼냈다. "그 부족이 품고 있는 불가사의의 구조와 실체를 우리가 매핑하듯 파악해낸다면, 그 사람들이 뭐라고 할까요?"

치코가 의식이 깨어 있는 상태에서 뇌 수술을 받는 동안 한 얘기를 들으며, 나는 신앙이 어쩌면 문화 및 양육보다 더 큰 영향을 끼칠 수 있다는 점을 실감했다. 신앙은 신비스럽게도 뇌 안에서 물리적 위치를 점하고 있다. 과학자인 내가 보기에도 신앙은 생리 기능을 발동시켜, 환자들이 수술의 스트레스를 견디고 치명적인 질병을 견뎌야 한다는 절망감에서 거리를 두는 데 도움을 준다.

하지만 뇌 안에 종교적 감정과 관련된 부위가 있다면, 이는 곧 신앙이 선천적 또는 후천적 기질이거나 아니면 둘 다임을 의미하는 것일까? 오늘날까지도 가장 본질적인 이 문제는 풀리지 않고 있다. 몇 년에 걸쳐 나는 환자들이 가장 혹독한 시기에 신앙에 의지해서 위안을 얻는 모습을 지켜보았다. 수술 전, 많은 환자가 기도 또는 숙고의 시간에 같이 동참해달라고 부탁하고 나는 그 자리에 참석할 영광을 누린다. 신앙이 환자에게 큰 힘과 의미를 준다는 것은 명백하다.

6

위협

위기에 무너지지 않기 위하여

환자는 30대인 아이 엄마였고 관리 가능한 종양을 가지고 있었다. 이 종양을 모두 제거하면 환자는 완치되지만 그건 어려운 일이었다. 종양을 조금 남겨두어도 수명은 상당히 연장되기 때문에, 심각한 상해를 무릅쓰고 공격적으로 수술하는 것보다는 이 편이 더 나았다. 이 환자와 같은 사례를 많이 경험한 고참 외과 의사라면, 환자에게 상해를 입히지 않고도 종양의 전부는 아니어도 대부분을 제거할 수 있다.

나는 신경외과 레지던트로서 수련을 받고 있었고, 스크럽을 마치고 신경외과 교수와 수술을 하는 중이었다. 그리고 바로 이 교수가 이 환자의 인생을 망칠 실수를 할 참이었다. 환자의 두개골은 열려 있었고 이마뼈는 제거되었으며 양쪽 전두엽은 모두 노출되었다. 교수와 나는 환자 양옆에 서서 접안렌즈가 서로 정반대로 나 있는 수술용 현미경을 같이 보는 중이었다. 마치 두 사람이 같은 망원경을 보는 듯했다. 우리 손은 환자 몸 밖에 있었지만, 수술 기구는 뇌 안쪽 약 20센티미터 깊이에 있었다. 수술 부위가 워낙 깊어서 수술실을 넓게 비추는 등으로는 우리가 작업하는 작은 부위를 비추지 못했다. 우리는 대신 현미경에서 나오는 아주 밝은 빛에 의존했다. 이 밝은 조명 아래에서 우리는 고배율 현미경과 섬세한 도구를 사용해 험난한 과정을 헤쳐 나가야 했다.

몇 시간 동안 교수와 나는 뇌 조직의 골 안쪽을 펴고 잘라내고 해부하면서 환자의 뇌 안쪽 깊숙이 들어가 종양에 접근했다. 내가 이 작업을 하는 동안 교수는 지켜보면서 나를 도와주었다. 뇌에 있는 많은 동맥과 정맥에는 이름이 있다. 이름이 없는 것도 많다. 7년 동안의 신경외과 수련에서 어떤 혈관은 없애도 되고 어떤 혈관을 보존해야 하는지, 어떤 혈관은 안전하게 잘라낼 수 있고 또 어떤 혈관은 그럴 수 없는지 배우는 것이 핵심이었다. 기초해부학 교과서에서는 이런 정보를 찾을 수 없다. 아무리 의사라도 뇌 전문 외과 의사가 아닌 이상 이런 것들은 모른다. 이 분야에 들어서야만 배울 수 있다. 뇌는 구조가 워낙 독특하고 복잡해서 목이나 흉부는 상대적으로 단순하게 보인다.

살아 있는 사람을 가르고 수술할 때, 사람 몸은 교과서에 나오는 그림처럼 훤히 보이지 않는다. 혈액에 가리고 눈에도 피로가 쌓여 일부만 희미하게 보일 뿐이다. 나는 전대뇌동맥의 기본 줄기에서 갈라져 나온 혈관을 찾았다. 이 혈관은 뇌의 앞과 중심에 혈액을 공급해준다. 초보들은 이 특별한 혈관을 보고 분리해도 괜찮다고 착각할 수 있지만, 실은 그렇지 않다. 이 혈관은 휴브너되돌이동맥(중대뇌동맥 중 가장 큰 혈관. 독일 소아과 의사인 오토 휴브너Otto Heubner의 이름을 땄다—옮긴이)으로, 신경외과 수술에서 악명이 높아 레지던트 첫날부터 귀에 못이 박히도록 듣는 이름이다. 이곳이 기본 줄기에서 갈라져 나와 자동차 레이스 코스의 급커브처럼 뒤쪽으로 한 바퀴 원을 그리며 돌기 때문에 '되돌이'라는 이름이 붙었다. 휴브너되돌이동맥이 악명이 높은 이유는 이 동맥이 뇌에 있는 특수한 조직에 혈액을 공급하는데, 이곳이 손상되면 기이한 방식으로 환자에게 해를 끼칠 수 있기 때문이다. 무슨 수를 써서라도 다치지 않도록 조심해야 할 적색 전선이다.

나는 수술 중 이 혈관을 보았다. 옆에 있는 교수도 분명 보았을 것이다. 나는 우리 둘 다 이 혈관을 더 잘 볼 수 있도록 뇌 조직의 얇은 섬유를 걷어내서 이 혈관의 위치를 확인한 후 건드리지 않고 그곳에 그냥 두도록 조처했다. 휴브너되돌이동맥은 어딘가에 숨어 안 보이거나 부분적으로 가려진 상태로 두는 것보다는 위치를 확인해서 노출시키는 쪽이 더 낫다. 일이 벌어진 것은 바로 그때였다. 정밀 가위의 끝이 현미경 아래 내 시야에 들어왔다.

　교수가 가위를 달라고 했을 때, 나는 교수가 나 대신 정교한 솜씨로 절단할 부위를 자르려고 그러나 보다 생각했다. 가위는 내가 작업하고 있는 고배율로 확대된, 밝은 조명이 비치는 그 부위까지 침범해왔다. 마치 누군가 구식 영사기 앞에 자기 손을 턱 하니 갖다 댄 듯했다. 교수와 나는 현미경을 사이에 두고 겨우 몇 센티미터 간격을 둔 채 얼굴을 마주하고 있었다. 교수의 가위가 동맥을 향해 움직이는 그때, 수술실 안 누구도 이 환자의 뇌에서 무슨 일이 벌어지는지 알지 못했다. "교수님, 휴브너예요." 나는 현미경에서 눈을 떼지 않고 속삭였다. 이 경고만으로는 부족했을까. 가위 날이 멈추지 않고 다가왔다. 마치 영화 〈죠스〉에서 상어가 가까이 다가오는 모습 같았다. "교수님, 휴브너되돌이동맥이에요." 나는 좀 더 다급하게 아까 한 말을 되풀이했다. 교수는 이제 막 동맥을 손상시킬 참이었다. 만약 그렇게 된다면 이 환자는 참혹한 결과를 맞이하게 된다. 동맥을 다치면 이 젊은 엄마의 왼쪽 다리는 약해질 것이고, 가랑이쪽 감각도 영원히 없어지게 된다. 정신적으로 입을 상해는 이보다 훨씬 더 심하다. 그는 단호하게 행동할 수 없는 무의지증을 앓게 될 것이다. 세상과 관계하는 속도가 느려지고, 냉담하고 무관심하고 무기력해지며 말수도 적어지고 활동성이 없어질 것이다.

어떻게 해야 하지? 어떻게 하면 되지? 나는 고작 인턴 과정을 갓 마친 29세 신경외과 레지던트일 뿐이었다. 그리고 결혼해서 4세, 1세인 두 어린 아들을 두고 있는 아빠였다. 교수는 모두의 우두머리였고, 우리는 '교수를 신뢰하라'는 훈련을 받았다. 말 잘 듣는 아이가 되라고. 신경외과에서는 이런 말이 있다. "오래오래 아이처럼 말 잘 듣는 사람이 진짜 남자다." 그는 교수였다. 그의 힘은 절대적이었다. 그는 임신한 아내를 둔 외과 의사를 단칼에 해고한 적도 있었다. 아무 경고도 없이. 오래전 일도 아니었다. 7년간의 수련이 끝나면 이 교수의 말, 오직 그의 말 한마디로 내가 수술을 집도할 수 있는 외과 의사의 대열에 낄 자격이 있는지 결정된다. 수술실에서 교수에게 무안을 주는 행위는 잘리기 딱 좋은 짓이었다. 교수의 손을 저지하면 나는 해고될 수도 있는 상황이었다.

설상가상으로 내가 말한 혈관이 휴브너되돌이동맥이 아니라면? 내 지적이 틀렸다면? 만약 그 동맥이 중요하지 않은 혈관이라면? 그 동맥을 절단해도 큰 문제가 없다면? 나는 차라리 나의 판단이 틀렸으면, 교수의 판단이 맞았으면 했다. 만약 그렇다면 일이 훨씬 쉬워질 텐데. 하지만 우리가 같은 현미경으로 보고 있는 혈관은 분명 휴브너되돌이동맥이었다.

　교수의 가위가 휴브너되돌이동맥에 덤벼들었고, 나는 선택의 여지가 없었다. 아무 조치도 안 하면 이 환자의 삶은 산산조각이 난다. 교수의 실수는 무마되고, 끔찍한 결과는 '특이한 해부학적 구조' 또는 '환자의 질환'으로 인해 예측 불가능한 합병증으로 취급될 것이다. 교수는 이런 애매모호한 어구를 통해 매주 열리는 M&M 회의에서 면죄부를 받을 터. 그리고 그는 이 환자와 환자의 가족도 만나겠지. 교수의 직책은 그에게 면죄부를 주는 데 상당히 중요한 요소로 작용할 것이다. 내 경력에도 전혀 해가 없을 테고 말이다.

　여기서 뭔가 조처를 하면 신경외과 의사로서 내 경력은 분명 끝장난다. 교수는 아마도 나를 신경외과에서 쫓아낼 테고, 나는 새로운 과에서 수련을 시작해야 한다. 응급의학과, 마취과, 가정의학과같이, 내가 덜 재미있고 덜 중요하고 덜 도전적이라고 여기는 분야에서 다시 시작해야 한다. 나는 뇌 수술이 좋았다. 뇌 수술에 수반되는 위험이 좋았다. 고도로 집중해야 하고 고도의 성과를 내야 하는 그 분야가 너무 좋았다. 나는 흉부외과 의사가 될 생각으로 일반외과에서 레지던트 수련을 시작했다. 그러던 중 이 교수가 미국에서 점수가 가장 높은 레지던트를 해고한 후 자리가 하나 비었을 때 신경외과 프로그램에 합류했다. 그야말로 즉석에서 무작위로 선발된 것이다. 하지만 일단 신경외과에 들어오자 나는 뒤도 돌아보지 않았다. 신경외과는 바로 내가 원하던 곳이었다.

교수의 가위가 휴브너되돌이동맥에 가까이 다가오자 머릿속에 온갖 생각이 넘쳐났고, 그중 '미치겠네'라는 생각이 불쑥 치고 올라왔다. 행동을 하고, 안 하고의 선택지는 둘 다 끔찍했지만, 교수가 이 환자의 삶을 망치게 그냥 보고만 있으면 나 스스로 살아갈 수 없을 것 같았다. 자, 이제 그를 저지하기로 결정했으니 어떻게 하면 될까? 파국이 일어나기 직전인데 말이다. 나는 고도로 확대된 환자의 뇌를 보다 현미경에서 눈을 들어 물리적으로 팔을 뻗어서 그의 손을 저지할 생각을 했다. 하지만 그럴 시간이 없었다. 가위가 다가오는 속도가 빨랐다.

마지막 순간 나는 왼손에 들고 있던 금속 흡입기의 방향을 틀었고 음료수 빨대 같은 관이 교수의 가위 날을 막았다. 금속 기구에 가위가 부딪쳐 약한 진동이 느껴졌다. 마치 내가 그물로 작은 물고기를 잡은 것 같았다. 그는 이제 자기가 착각했고 내가 파국적 실수를 막았다는 것을 알아챘지만, 그동안 이 교수에게 무안을 준 사람은 아무도 없었다. 내 미래와 작별을 고할 것 같다는 느낌이 직감적으로 왔다.

"자네는 끝났어." 교수는 이렇게 말했다. 이 말에 함축된 의미
는 무한했고 모두 다 안 좋은 예감만 내포했다. 이 수술을 그만하
라는 말인가? 이번 연도 수련은 이제 끝장났다는 말인가? 신경외
과 일을 그만하라는 말인가? 미국 병원에서 일하기는 이제 글렀
다는 말인가? 이게 바로 그가 가진 권력이었고, 내 운명은 앞서
나열한 몹쓸 경우의 수를 한 가지 이상 맞이할 게 분명했다.

그날 수술실 안에 있던 그 누구도 현미경 아래에서 일어난 일
을 목격하지 못했다. 나를 대변해서 증언해줄 사람은 아무도 없
었다. 그날 있었던 일은 우리 둘만 아는 일이었다. 교수와 나는 수
술을 멈추고 위를 보았다. 우리 눈은 현미경의 접안렌즈 측면에
서 마주쳤다. 그의 얼굴은 무표정이었지만 눈에서 경멸의 기운이
뿜어져 나왔다. "수술을 마무리해." 그는 이렇게 말했고, 나는 그
가 지켜보는 가운데 내 불확실한 미래가 아닌 바로 앞에 있는 일
에 집중하려고 최선을 다하며 수술을 마무리했다.

그는 수술실을 나가기 전 마무리 봉합에 혼신을 다하는 나에
게, "이 환자 회진을 돌지 않아도 된다"라고 말했다. 회진은 수술
이 끝난 후 환자의 상태를 점검하면서, 환자와 가족의 질문에 대
답해 주는 절차다. 외과 의사라면 전형적으로 싫어하는 일이다.

대학 병원에서 교수 같은 고참 외과 의사가 누리는 특권 중 하나는 레지던트가 보통 회진을 돌고, 기록 작성, 배액관 뽑기, 퇴원 지침 작성 같은 수술 후 절차를 맡는다는 점이다. 교수가 나에게 회진을 돌지 말라고 지시한 것은 아주 이례적인 일이었지만, 사실 환자와 그 가족에게 전할 이야기나 나에게 해당되는 이야기를 통제하려고 그런 것이었다.

한 시간 후, 교수는 으레 그렇듯 가운과 장갑을 벗어 수술을 중단하고 전화기 앞으로 가서 환자의 의료 기록을 남기고 수술비 청구를 위해 수술의 세부 내용을 구술했다. 구술 마지막에 그가 이렇게 말하는 소리가 들렸다. "수술은 제가 처음부터 끝까지 다 했습니다." 이 관례적인 거짓말 덕에 고참 외과 의사인 교수는 수술 비용 대부분을 청구할 수 있었다. "처음부터 끝까지"라는 말은 고참 의사가 처음 절개부터 마지막 봉합까지 수술 전체를 전부 진행하는 것이다. 대학 병원에서 이런 경우는 잘 없다. 수술 중 많은 절차는 보통 초보 의사, 즉 외과 레지던트가 떠맡는다.

외과 수련을 시작했을 때 수술을 진행하는 일부 외과 의사 손이 서툴러 놀랐던 기억이 난다. 수술 분야는 큰 발전을 이뤘으므로 나는 기술적으로 유능한 엘리트 군단을 기대했다. 나의 섣부른 기대는 현실을 만나 순식간에 깨져버렸다. 내가 만난 외과 의사는 모두 너무나 인간적이었다. 이들의 기술 수준은 제각각이었고 지력과도 전혀 상관이 없는 경우가 많았다. 외과 의사가 실수를 하면 이들은 외과 의사만 참석하는 M&M 회의에 상정된다.

수술 중 교수에게 무안을 준 덕분에 나는 참사를 막았고, M&M 회의에 불려가 동료들 앞에 서서 휴브너되돌이동맥이 잘린 여성 환자의 수술 사례를 얘기해야 할 필요가 없었다. 그러나 아이러니하게도 내 직업과 경력은 위험에 처하게 되었다. 교수의 권력은 막강했고 그의 자존심은 상처를 입었다. 이제 나는 교수의 수술 실력이 위험한 상황을 초래할 수도 있다는 것을 알게 되었고 교수도 그걸 알았다. 하지만 교수는 나와의 일을 여기서 끝내지 않았다. 그는 내가 예상치 못한 방식으로 나를 시험할 터였다.

불필요한 신경전에 휘말리다

그 즈음, 나는 위협을 받는 데 익숙했다. 10년 전 10대 후반에 이와는 다른 종류의 위협에 직면했던 적이 있다. 옆집 사람과 맺혔던 나쁜 감정이 결국 폭력으로 터져버린 것이다. 그때의 경험으로 나에게는 교수의 위협을 감당할 배포가 생겼다.

내가 살던 동네의 주택들은 소형 평수였고 비대칭 L자 모양을 이루어, 왼손과 오른손이 똑같아 보이지만 같은 장갑은 낄 수 없는 우리 손과 아주 흡사한 구조였다. L자형 주택들의 개방된 면은 서로 마주 보고, 양쪽 집의 대문과 통로는 열 발자국 정도 떨어져 있었다. 따라서 이웃을 피해 다니는 건 불가능한 일이었다. 우리 옆집에는 엄마와 아들 셋이 살고 있었다. 세 아들 중 래리가 그나마 나와 나이 차가 가장 적었지만, 그래도 나보다 열 살이 더 많았다.

래리의 어머니는 옆집 아이인 나에게 잔디 깎는 손기계로 작은 잔디밭을 깎으면 5달러를 주거나, 식료품을 사 오는 심부름을 하면 1달러를 주곤 했다. 그 당시 이 정도의 돈은 상당히 후한 금액이었다. 나는 돈을 달라고 얘기하지 않았지만 래리의 어머니가 주겠다고 고집했다. 홀로 세 아들을 키우는 스트레스가 어떠했을지 상상이 안 가지만, 이 어머니는 한 번도 스트레스를 받는 표시는 내지 않았다. 이분은 항상 나에게 친절했고 나는 이분에게서 사랑과 포용과 양육의 기운을 느꼈다. 그래서 후에 래리와의 일이 너무도 황당하게 느껴졌다. 하지만 이 모든 일은 이분이 돌아가신 후에 터졌다.

내가 캘리포니아대학교 버클리캠퍼스에 다니기 전부터 래리는 무시당하고 이용당하는 사람들이 마음속에 품는 길거리 철학을 발산했다. 고통받는 대다수가 마땅히 누려야 할 영역을 **빼앗**기고 있다는 믿음. '흑인의 힘을 주장할 수 있다면 백인의 긍지는 왜 주장할 수 없는가?' 래리는 이 점을 알고 싶어 했다. 그는 아직 숙명적인 다음 단계는 밟지 않은 상태였다. 백인의 힘은 얘기하지 않았다. 아직은.

내가 대학을 중퇴하기로 하고 이 동네로 돌아왔을 때 래리는 그곳에 여전히 살고 있었다. 그의 어머니는 그 즈음 암으로 돌아가셨다. 래리는 다니던 직장에서 해고당했고, 주변 사람들에 대한 그의 관점도 바뀌어 있었다. 내가 보기에 그는 권리를 박탈당했다는 피해의식이 있었고, 중산층의 입지를 점점 잃어가고 있다고 생각했다. 래리는 이민자들이 자기보다 싼 임금을 받고 일하기 때문에 자신이 이들에게 직장을 뺏긴 것이나 마찬가지라고 생각했다. 그에게 이민자는 모두 같은 무리였고, 그의 눈에 나는 적군에 속한 사람이었다.

그는 점점 외톨이가 되어갔다. 유일한 출구는 집 차고에 마련한 헬스 전용 방이었고, 그는 몸을 만드는 데 점점 많은 노력을 기울였다. 스테로이드를 복용하면서 그에게는 '로이드 분노^{roid rage}
(스테로이드를 장기 복용했을 때 부작용으로 나타나는 공격성이나 분노—옮

긴이)'가 나타났고 이외 다른 부작용도 동반되었다. 내가 집으로 돌아온 그해, 그가 달라진 게 보였고 래리는 그 변화를 부끄러워하지 않았다. 차고 안쪽 벽, 그 어두운 곳 한가운데에 나치즘의 상징인 하켄크로이츠가 그려진 깃발이 기대어 있었다. 깃발은 눈에 보이기는 했지만 여전히 반쯤 가려져 있었다. 꼭 래리가 자신의 새로운 정체성을 시험하는 것 같기도 했다.

다른 사람들이 돈을 많이 벌거나 동네를 떠나 이사를 가거나 삶에 회의적으로 변할수록 래리의 분노와 좌절은 더욱 깊어져 혐오로 바뀌었다. 혐오는 다시 증오로 변했다. 이 감정은 나와 래리 둘 다 아는 감정이 되었고, 이상한 권력 투쟁으로 변해갔다. 내가 아무 이유 없이 미안해하면 래리는 피 냄새를 맡을 것이고 그렇게 되면 나에게 더 심한 불똥이 떨어질 것이다. 만약 내가 먼저 공격을 개시하면, 그를 오히려 도와주는 꼴이 될 터. 그는 본인이 원하는 것을 쟁취할 것이다.

집에서 조용히 나가거나 집에 들어올 때, 나는 이따금 래리를 보았다. 그는 밖으로 걸어 나갈 때도 뭔가 비장한 생각을 품고 경고 사격을 하는 듯 팔의 '뒤쪽 근육'을 드러내고 다녔다. 팔 뒤쪽은 삼두근으로 이루어져 있는데, 세 개의 근육 머리가 어깨에서 팔뚝까지 내려와 그의 첫 문신(옛 서체로 백인WHITE, 긍지PRIDE의 두 단어가 수직으로 새겨져 있었다)을 보여주는 완벽한 캔버스 역할을 했다. 그는 아놀드 슈워제네거와 같은 근육질에 찰스 맨슨(미국의 사교 집단 맨슨 패밀리의 두목이자 중대한 범죄자―옮긴이) 같은 추악한 면이 섞여 이상한 기운을 풍겼다.

집으로 돌아온 나는 래리가 가장 증오하던 대상의 화신이 되었다. 그의 임무는 한 가지, 나를 지배하는 것이었다. 1단계는 말싸움. 그는 이 일에 열정적으로 매달렸다. 마치 내가 모든 유색인종을 대표하는 사람이라도 된 것처럼. 그의 입에서 나오는 욕은 레드스킨redskin(북아메리카 원주민을 비하하는 말―옮긴이), 스피크spik(스페인계 미국인을 경멸적으로 칭하는 말―옮긴이), 샌드니거sand-nigger(중동이나 북아프리카 혈통의 사람을 비하하는 말―옮긴이), 웨트백wetback(미국으로 밀입국한 멕시코인―옮긴이) 등 길고 다양했다. 그가 어떻게 이런 인종 관련 어휘를 폭넓게 알고 있는지, 또 내가 어떻게 이런 다양한 인종을 품게 되었는지 신기할 따름이었다.

래리의 목표는 격투기 싸움에서 상대가 항복하듯이 나에게서 기권, 즉 심리적 항복을 받아내는 것이었다. 래리의 언어폭력은 점점 심해졌고, 아침에 눈을 뜨는 순간부터 잠자리에 들 때까지 나를 짓눌렀다. 하지만 나는 그의 계획이 먹혔다는 티를 겉으로 드러내지 않았다. 내가 가진 유일한 무기는 겁먹었다는 티를 절대 내지 않는 것이었다. 거리에서 집 앞 현관까지 걸어오는 길은 내가 패기와 언어폭력을 견디려고 고안한 전략을 시험하는 시간이었다.

현관으로 걸어갈 때 예상한 대로 살벌한 욕이 내게 쏟아지기 시작하면, 나는 5초 동안 멈추고 억수같이 쏟아지는 욕을 감당했다. 빗발치듯 퍼부어라. 맘껏 맞아주마. 나는 멍한 표정을 지으며 동요한다는 티를 절대 내지 않았다. 이런 반응을 보여 래리에게 혼동을 주고 싶었고 그 혼동이 그를 야금야금 갉아먹기를 바랐다. 나는 5초간 잠깐 멈춘 후, 다시 현관으로 걸어가기 시작했다.

본가에 들어가지 않으면 그만이었겠지만, 어머니가 암 진단 후 항암 치료를 받고 집에서 회복하시는 중이었다. 어머니는 구토할 경우를 대비해 침대 옆에 통을 하나 놓고 방에서 시간을 보내셨다. 어머니가 당신의 운명에 맞서려고 안간힘을 쓰고 계실 때 나는 침대 협탁 위에 크래커와 물을 가져다 놓았다. 나는 작은 우리 집 거실에서 또 다른 적과 전쟁을 벌이는 중이었다. 래리는 점점 위험 수위를 높일 게 분명했다. 그가 사태를 악화시키리라는 건 알았지만 나는 어떻게 대처해야 할지 전혀 몰랐다. 위협의 무게를 견디며 살아가느라 나는 항상 경계를 늦추지 않았다. 어떻게 해야 할지 몰랐기 때문에 나온 반응이었다. 래리가 가하는 위협은 일관성 없이 불쑥 발생하지만 실존하는, 결코 끝나지 않는 공격이었다. 때로는 내가 과하게 반응하는 것 아닌가, 때로는 너무 대수롭지 않게 여기나 하는 생각이 들었다. 래리와 나는 겉으로는 아무 일이 없는 듯 비밀리에 신경전을 벌였고, 나는 어머니에게 들키지 않도록 노력했다. 나는 내 자신에게도 낯선 사람, 낯선 동물이 되어가고 있었다. 사랑하는 사람에게는 부드럽고 성실한 한편, 예측할 수 없는 상황을 전략적으로 대비하면서 속을 태우는 사람이 되었다.

아드레날린과의 협업

래리가 퍼붓는 언어 공격에 대비하다 보니 내 행동도 바뀌었다. 온갖 느낌과 감정과 생각이 빗발치는데도 나는 놀라울 정도로 통제력을 유지했다. 인간이 위협에 직면했을 때 흔히 '투쟁-도피 반응'을 보인다고 하지만, 사실 우리는 이와는 약간 다른 방식으로 상황에 대처하기도 한다. 때로는 싸우거나 도망가지 않고, 위협을 받아들인다.

우리는 모두 다치기를 꺼린다. 단세포의 유기체마저도 불쾌

한 자극을 받으면 도망친다. 생명이 있는 순간부터 위협은 존재하고, 동물 행동의 가장 기본적 형태는 자극에 대한 자동 반응, 즉 반사다. 의사가 슬개골 아래 힘줄을 가볍게 쳤을 때 다리가 앞으로 나가는 현상도 반사다. 이건 훈련 또는 사고를 통해 이루어질 수 없다. 반사의 신경해부학적 과정은 척수에서만 이루어지고 뇌까지 갈 새도 없다. 인생을 살아가면서 우리 뇌는 세상에 관해 배운 지식을 토대로 끊임없이 뉴런 사이에 가지를 내거나 쳐서 정리하기도 한다. 날카롭거나 뜨겁거나 고통스러운 것을 경험하면 우리는 이런 자극을 피하는 법을 배운다. 하지만 때로는 이런 기본 충동에서 벗어날 필요가 있다. 때로는 위협을 향해 나아가고 이를 극복하기 위해 고통을 받아들일 필요가 있다.

'투쟁-도피 반응'은 우리의 지령 없이 켜지거나 꺼지는 스위치가 아니다. 먼저 이성과 감정의 뇌가 이 위협을 실재하는 것으로 판단해야 한다. 우리 뇌 부위 중 비포유류 조상과 같이 공유하는 원시적 부위가 있는데, 그곳이 바로 뇌교(중뇌와 연수 사이를 연결하는 중추신경 조직—옮긴이)다. 뇌교는 뇌간에서 가장 넓은 영역을 차지하며 자체적으로 아드레날린을 만들어 뇌와 몸에 분비한다. 아드레날린은 환자의 혈압이 급락할 때 의사가 최후의 시도로 투여하는 바로 그 물질이다.

우리의 오른쪽과 왼쪽 뇌교에 있는 한 쌍의 작은 세포 다발에서 아드레날린이 합성된다. 이들 세포는 전체 뇌세포 중 겨우 1퍼센트 미만을 차지하지만, 아드레날린이라는 아주 강력한 화학물질을 합성해서 분비한다. 아드레날린은 동맥과 소화관, 심장에 위치한 세포 항구에 정박하고 그 반응은 항상 일정한 양상으로 나타난다. 혈관은 근육에 더 많은 혈액을 실어 나르고 소화관으로 가는 혈액량은 줄어들며, 심장은 더 빨리, 더 강하게 뛴다. 우리 몸에서 이 화학물질에서 독립된 기관은 하나밖에 없다. 아주 오래된 기관이라 해파리에게도 있는 이 기관은, 바로 뇌다.

뒷골목에서 추격을 당하든 안전한 거실 소파에서 공포 영화를 보든, 뇌교는 아드레날린을 똑같이 분비한다. 그러면 우리 뇌는 위험이 실재하는지 판단한다. 아드레날린은 우리가 반응하기 전, 즉 우리가 이에 반응해서 행동을 바꾸기 전에 전후 맥락을 먼저 파악한다. 20세기 초반, 스페인 의사인 그레고리오 마라뇬Gregorio Marañón은 환자에게 아드레날린을 주사해서 이 점을 입증했다. 환자들은 위험에 처하지 않았기 때문에 '투쟁-도피 반응'을 보이지 않았다. 위험한 상황을 맞이했을 때처럼 심장 박동이 빨라졌지만, 이들은 두려움을 느끼지는 않았다. 이런 경험의 이중성 덕분에 우리는 인간다워진다. 감정의 뇌는 전후 맥락을 못 읽을 수 있지만, 이성적으로 사고하는 뇌는 상황을 분석할 수 있다. 그렇다고 본능적인 반응을 완전히 무시하지도 않는다. 공포 영화를 보며 심장 박동은 빨라질지 모르지만, 쇠사슬 톱을 휘두르는 킬러가 옷장 밖으로 뛰어나오는 장면이 나와도 우리는 도망치지 않는다. 우리는 이런 상황에서는 아드레날린이 분비되어도 괜찮다고 생각하며 심지어 이를 환영하기까지 한다.

어느 날 창가에서 커튼 아래로 밖을 내다보는데 자동차 두 대가 지나가는 게 보였다. 그냥 동시에 같은 거리를 우연히 지나가는 게 아니라, 이상한 대열로 지나가는 차였다. 같은 패거리가 차를 몰고 있다는 느낌이 들었다. 차는 주택을 지나쳐 다음 블록에서 좌회전했다. 그 중 한 대는 래리가 모는 브롱코였다. 왜 래리는 자기 집을 그냥 지나칠까? 나는 알았다. 그는 공범의 도주용 차를 몰래 갖다 놓을 장소를 찾은 다음 되돌아가는 중이었다. 한낮의 어둠Darkness at Noon(헝가리 태생 영국 소설가 아서 쾨슬러Arthur Koestler의 소설. 혁명에서 목숨을 걸고 동지를 지키며 헌신했던 사람들이 혁명 이후 서로를 의심하고 죽음으로 내모는 과정을 그린다. 저자는 뭔가 나쁜 일이 생길 것 같다는 불길한 예감에 '한낮의 어둠'이라는 책 제목을 언급한다—옮긴이).

남자 하나가 우리 집 현관에 모습을 드러냈다. 얼굴에 문신을 한 사람이었다. 그 당시 몸에 문신이 있으면 보통 폭주족이나 범죄자라는 뜻이었다. 만약 눈가 바로 아래에 눈물방울 문신이 있다면 전과자라는 표시였다. 이 남자에게는 눈물방울 문신이 하나 있었다. 나는 180센티미터 정도의 키에 몸무게는 80킬로그램이었고, 그는 아마도 나보다 5센티미터는 더 컸고 15킬로그램 정도 더 나가는 것 같았다.

이 사람은 래리가 나와 내 가족을 협박하려고 고용한 건달이었다. 래리는 건달 뒤에 서 있었고, 이 건달은 문에 노크를 계속 하더니 급기야 사정없이 문을 두들기기 시작했다. 나는 거실의 큰 창문과 나무로 된 현관문 사이에 있는 벽에 등을 기댄 채 서 있었다. 집이 흔들렸다. 이들이 문을 박차고 들어올까 봐 걱정이 되었다. 무슨 일이냐고 묻는 어머니의 목소리에 기운이 전혀 없었다. 래리는 나를 독 안에 든 쥐로 만들어버렸다. 하지만 이미 암의 무게를 견디고 있는 어머니에게 이런 일로 걱정을 더해드릴 수 없었다. 이제 밖으로 나가서 어머니가 암의 고통을 받아들이듯 나도 어느 정도 고통을 감수해야 했다.

나는 밖으로 나갔고, 래리와 건달은 길 아래로 내려갔다. 그 순간 내 마음속에는 '그래도 이건 공평한 싸움'이라는 생각이 들었다. 주먹에 맞아 움찔했지만, 그래도 그 고통은 자전거에서 떨어져 구른 것처럼 익숙하고 견딜 만했다. 그 충격을 나는 잘 조정해

나갔다. '대낮인데, 이 상황이 얼마나 오래갈 수 있겠어?' 나 스스로 머리를 굴리는 게 느껴졌다.

그때 이 건달이 브래스 너클(손가락 관절에 끼워 쓰는 금속 무기―옮긴이)을 손가락에 끼웠다. 왼쪽 옆구리에 마치 번개에 맞은 듯한 고통이 엄습했다. 등 안쪽과 가슴 옆쪽을 빨갛게 달궈진 철사 옷걸이에 바짝 갖다 댄 느낌이었다. 그 전에는 한 번도 느껴본 적이 없는 전기 충격. 다리가 부러진 원초적 고통이나 어디에 베었을 때의 살을 에는 아픔과는 다른, 마치 전기뱀장어에 물린 것 같은 순수한 전기 충격 그 자체였다. 이 가격으로 내 갈비뼈 두 대에 금이 갔다.

흉곽은 대체로 그 안의 장기를 보호하는 방패 역할을 하지만, 갈비뼈 하나하나는 마른 나뭇가지와 같아 정통으로 가격을 당하면 부러질 수 있다. 갈비뼈는 수술 중 대형 손톱깎이와 비슷한 장비로 절단할 수 있을 만큼 가늘다. 신경은 각 갈비뼈 아래쪽으로만 지나간다. 흉곽은 두개골과 달리 작은 구멍이 많고 유연해서 폐를 공기로 가득 채울 수 있다. 만약 스트레스를 받아 형태가 변형되어도 이 흉곽은 원래 형태로 돌아갈 수 있는 능력이 있다. 공학 용어로 복원력이 있는 셈이다.

이런 공격을 당하고도 나는 괜찮다는 느낌이 들었고, 목적의식은 비명을 지를 정도로 고통스러운 옆구리 통증을 잠재워주는 연고 역할을 했다. 나의 이런 반응은 '투쟁-도피 반응'을 훨씬 뛰어넘었다. 나는 두려움이나 공포를 느끼지 않았다. 대신 증오와 분노를 느꼈다.

증오심이 한껏 고조되었을 때 마침내 내 뇌는 아드레날린을 분비하라는 명령을 내렸다. 나는 반격에 나섰다. 이쯤 되니 보통 때면 조용했을 길가에 차량이 멈춰 섰다. 래리는 그만하라는 신호를 보냈고, 이 범죄자는 모퉁이에 몰래 갖다놓은 도주용 차를 타고 달아났다. 래리와 나는 마지막으로 서로 한 번 노려보았다. 나는 한쪽 무릎을 꿇고 반항심을 표출하며 그가 차고로 들어가는 모습을 지켜보았다.

나는 옆에 놓여 있던 정원용 호스로 물을 마신 다음 얼굴을 닦고 문을 열고 집 안으로 들어갔다. 몸을 일으켜 문을 잠그려고 나는 마지막 안간힘을 썼다. 거실 소파 옆 바닥에 앉으니 그 옆에 내가 갖다 놓은 칼이 보였다. 밖으로 가지고 나가려다 깜박 잊고 그냥 놔둔 것이다.

숨 쉴 때마다 신음이 절로 나왔다. 거실 바닥에서 나는 호르몬이 솟구치는 것을, 화학물질이 물밀 듯이 내 몸을 휩쓸고 들어오는 기분을 느꼈다. 목적이 있어 마구 분비된 아드레날린은 빠르고 쉽게 길들여지지 않는다. 마치 차량 충돌 사고 이후 마음을 진정시키려 노력하는 것과 같다.

현관문을 등지고 거실 바닥에 앉아 있는데, 그 범죄자에게서 난 연기 냄새가 내 옷 어딘가에 남아 있었는지 올라왔다. 그 연기는 담배 냄새가 아니라 〈브레이킹 배드(암에 걸려 시한부 판정을 받은 한 고등학교 화학교사가 자신의 사후 가족을 위해 제자와 함께 마약을 만들어 판다는 내용의 미국 드라마—옮긴이)〉에서처럼 제조된 마약 냄새였다. 플라스틱 제조 공장이 탈 때 나는 것과 같은 냄새였다. 필로폰 냄새. 그는 전투에 나서려고 약물의 힘을 빌린 것이다. 지금도, 30년이 지난 후에도 그 냄새가 생생히 기억난다.

냄새를 처리하는 뇌 부위인 후엽이 해마와 직접 연결되어 있다는 건 전혀 놀라울 일이 아니다. 해마는 바닷물고기 해마 한 쌍과 비슷한 형태이며, 우리 귀 앞에 있는 양쪽 관자놀이 안에 위치하고 단기 및 장기 기억을 구축하는 일을 담당한다. 특정 냄새가 강력한 정서적 기억을 유발할 수 있는 이유는 다 이 때문이다. 시각, 촉각, 미각, 청각은 감정 및 기억을 담당하는 부위와 직접 연결되어 있지 않다.

냄새로 기억이 유발되는 것을 소위 프루스트 현상이라고 하는데, 이 말은 홍차에 듬뿍 적신 마들렌 냄새를 맡고 오랫동안 잊

힌 어린 시절 기억으로 되돌아갔다는 작가 마르셀 프루스트^{Marcel}

Proust의 유명한 글귀에서 유래되었다. 냄새로 유발되는 기억이 모두 긍정적인 것은 아니다. 그때 그 범죄자의 냄새는 내 기억에 들어앉았고, 내가 아무리 노력해도 내 전두엽은 이 기억을 지울 수 없다. 본능에 남은 마음의 자국은 좀처럼 지워지지 않는다.

우리에게 살면서 맞이하는 위협을 피할 선택권이 항상 있는 것은 아니며, 모든 위협이 동일하지도 않다. 길을 걷는데 차량이 갑자기 내 쪽으로 방향을 바꾸면 그때는 즉각적인 위협을 맞을 수밖에 없다. 만약 우리 어머니처럼 암 진단을 받는다면 그 위협은 지속된다. 래리와의 관계에서 그가 주는 위협은 즉각적인 위협과 지속적인 위협 사이 어딘가에 있었다. 나는 그의 목표가 나에게 모욕을 주는 것임을 알았고, 래리에게 끄떡없다는 표정을 보여주려 애를 썼지만 여러 달에 걸친 심리전 때문에 나는 정신적으로 피폐해졌다. 매일매일 생각과 감정이 격발되어 폭풍처럼 번졌다.

래리와의 일은 할리우드 영화처럼 극적으로 끝나지 않았다. 복수전도 전혀 없었다. 몇 달 후 그는 자기 어머니 집을 팔고 딴 곳으로 이사를 갔다. 그 사이에도 래리는 나를 계속 위협했고, 나는 계속 저항하며 우리의 입지를 지켰다. 다음 해, 그가 교도소에 수감되었다는 소문이 온 동네에 퍼졌다.

고통을 견디는 힘, 회복탄력성

그 후 여러 해가 지나 교수에게 대적한 직후, 의사로서의 내 경력이 위험해지고 미래가 불투명해진 가운데 나는 차를 몰고 집으로 갔다. 나는 잠시나마 엘리트 신경외과 펠로우십에 들어갈 수 있었지만 이제는 주제 파악을 못 한 죄로, 맹목적인 충성심을 보여주지 않은 죄로 제명될 처지에 있었다. 설상가상으로 교수는 내 가족의 생계를 무기로 삼아 나를 제압할 힘이 있었다. 이번에 만난 위협은 고용된 건달이 아니라, 힘 있는 외과 의사이자 교수이자 내 상사였다.

앞으로 어떤 일이 일어날지 전혀 감이 잡히지 않았다. 하지만 래리와의 경험에 비추어 볼 때 내 생활을 계속해 나갈 방도를 찾아야 했다. 자신이 택하는 행동, 자신이 대처하기로 선택한 방식에 따라 위협의 무게에 짓눌려 망가질지, 아니면 위협을 딛고 다시 일어설지 여부가 결정된다. 다행히도 진화와 경험 덕분에 우리는 역경에 대처할 능력을 갖추게 되었다.

먼 옛날 선조부터 바로 우리 부모까지, 조상들은 우리에게 자신을 지킬 수 있는 갑옷을 선사했다. 이 갑옷은 살아가면서 계속 보강할 수 있다. 우리는 온갖 다양한 환경과 갖가지 위협에도 적응할 수 있다. 이런 적응력은 계속 계발하고 상황에 따라 알맞게 사용해야 하는 기술이다. 이것을 스트레스 면역 효과 stress-inoculating effect라고 부른다. 같은 의미로 요즘 사람들이 자주 사용하는 단어가 바로 회복탄력성이다. 공학자들은 같은 단어인 '탄력성'을 스트레스를 받아 변형된 후 원래의 상태로 되돌아가는 능력, 즉 복원력으로 본다. 하지만 마음에 관한 한 회복탄력성은 위협에 대처해서 이전 상태로 돌아가는 능력 그 이상을 말한다. 우리 마음은 좀 더 단단한 형태로 변하고 다시 구성된다.

뇌는 끊임없이 변하고, 우리에게는 뇌를 조정하고 이용할 힘이 있다. 환자들은 뇌 수술을 받은 후 잃어버린 기능을 회복한다. 따라서 여러분이 건강한 뇌를 가지고 있다면 본인이 위협과 맺는 관계를 통제하고 관리할 수 있음을 의심하지 말아야 한다. 이 능력은 모두 사고의 가소성에 달려 있다. 우리가 행동하고 대처하는 방식을 이루는 요소는 '단단히 연결되어 굳어진' 상태가 아니다. 아예 '연결' 자체가 없다. '회로'도 없다. 하지만 뉴런의 조합과 뉴런 집단의 조화가 존재한다. 그리고 기회도 관여한다. 우리가 역경을 겪으면서 이를 받아들이고 수용하고 통합하는 대처 방법을 원하는 방향으로 선택할 수 있다면? 위협에 대처하려고 우리가 선택하는 전략은 결과에 영향을 끼치는 가장 중요한 요소다.

공포에 적극적으로 맞서고 문제를 해결하고 다른 사람의 도움을 구하는 행위는 즉각적인 위협에서 회복탄력성으로 가는 지름길이다. 이런 전략을 택하면 장기적인 회복탄력성을 기르는 데 도움이 된다. 이와 반대인 방법은 부정, 회피, 외면 같은 수동적 대처다.

회복탄력성은 위협에 의해 생기는 스트레스를 좋은 쪽으로 이용해서 그 위협을 승화한다는 의미다. 새로운 위기에 직면했을 때 우리가 보여주는 회복탄력성은 조직적 회복탄력성으로, 이는 자기 안에 위기를 딛고 일어설 수 있는 힘이 있다는 것을 의미한다. 나는 환자에게서 이런 종류의 회복탄력성을 목격했다. 이들은 트라우마와 암을 겪으면서 절망의 나락으로 빠지는 대신, 자신의 심리적 안녕을 관리한다. 나는 이들에게 감동받았고 그들의 여정은 나 자신과 다른 사람이 따라갈 본보기가 된다.

만약 위협에 적응하지 못해 자기 파멸의 구덩이 속으로 빠져버린다면, 아직 회복탄력성에 관한 자신의 이야기를 펼치지 못한 것이다. 만약 큰 타격을 받아 토대가 무너졌다 해도, 그건 회복탄력성이 없어서가 아니다. 시간이 지나면서 내적인 처리 과정을 거치면 점진적 회복탄력성이라고 하는 새로운 관점이 싹튼다. 회복탄력성은 우리가 이제까지 쌓아올린 것과 앞으로 쌓아올릴 것, 즉 우리가 고난에 투쟁하려고 동원하는 요소와 투쟁이 우리에게 가져다줄 요소를 모두 의미한다. 이런 식으로 우리는 투쟁, 인내, 승리의 관점에서 자신의 여정을 이해하고 받아들일 수 있다. 이 모든 관점은 그 무엇보다도 가장 중요한 내면에서 나온다.

어떤 타격은 너무 지독한 고통을 초래해서 이걸 견뎌내는 것만으로도 진정한 회복탄력성을 발휘하는 셈이 된다. 또 어떤 타격은 내면에 몰래 스며들어 자리를 잡기 때문에 우리가 이를 강제로 몰아내야 한다. 위협을 받는 상황에서 비생산적인 생각과 감정이 쏟아지고, 자아의 정서적 기반으로 굳어버리는 상황은 바람직하지 않다. 우리는 앞으로 나아가며 자기에게 발생한 일이 아닌, 그 일에서 회복한 모습을 통해 자신의 회복탄력성을 발휘할 잠재력을 가지고 있다.

4기 암 환자보다 더 큰 위협에 맞서야 하는 사람은 별로 없을 것이다. 이들은 실존적 위협에 맞선다. 이들은 살아가기 위한 방편, 즉 검사, 스캔 결과, 언제고 몸 상태가 안 좋아질 수 있다는 끊임없는 걱정에 대비해 스스로 마음을 다잡을 방안을 찾을 필요가 있다. 대부분은 대수롭지 않게 여기는 사소한 증상이라도 이런 4기 암환자들에게는 모두 걱정과 의문거리다. '혹시 암이 전이되지 않을까?' 이런 걱정과 의문을 품고, 환자들은 어쨌든 삶을 이어가려고 심리적·정서적으로 비축된 자원을 발굴한다.

　사람들은 암 전문 외과 의사로 일하는 것이 심적으로 힘들지 않느냐고 묻는다. 나는 이 질문에 "왜 그렇게 생각하시죠?"라고 대답한다. 내 환자는 심적으로 나를 힘들게 하지 않는다. 오히려 나에게 가르침을 주고 나에게 용기를 준다. 이들은 마치 모루(대장간에서 뜨거운 금속을 올려놓고 두드릴 때 받침으로 쓰는 쇳덩이—옮긴이)처럼 죽음이 호시탐탐 기회를 노리는 가운데에서도 기쁨을 경험할 힘과 능력을 키운 사람들이다. 환자 대부분은 암의 존재를 알기 전에 이런 힘을 발휘했다면 얼마나 좋았을까 하고 얘기한다. 이들은 왜 암 진단을 받은 후에야 비로소 삶의 질을 우선시하게 되었는지 모르겠다고 아쉬워한다. 암 환자들의 위기 관리는 내 삶의 질을 향상시켰고, 나는 그들에게서 삶의 교훈을 얻었다. 암 환자가 위협을 안고 살아간다고 꼭 무기력해지는 것은 아니며, 애써 낙관주의를 배울 필요도 없다. 내가 보는 환자들은 대부분 '학습된 무기력증(이반 페트로비치 파블로프Иван Петрович Павлов가 개를 대상으로 실험해서 유명해진 이론)'이나 마틴 셀리그먼Martin Seligman의 '학습된 낙관주의'가 아닌, 현실주의적 관점을 가지고 살아간다.

　암 환자들은 내게 인생 대부분의 경험에 양면성이 있음을 가르쳐주었다. 흔히 사람들은 과다 경계를 지나친 태도라고 인식하지만, 그런 과다 경계가 반드시 필요하고 주의를 기울여야 하는 상황에서 살아가는 사람도 많다. 나 같은 외과 의사, 아니면 항공관제사같은 사람은 일을 하려면 집중력을 지속적으로 발휘해야 하기에 경계심을 기를 필요가 있다.

경제적인 어려움이나 성적 또는 육체적 학대의 위협을 도저히 피할 수 없는 상황에서 살아가는 이들이 있다. 이럴 때 어떤 이들은 정신적·육체적 문제를 앓지만, 어떤 이들은 오뚝이같이 다시 일어나기도 한다. 왜 이런 차이가 발생할까? 그 답은 우리 DNA에는 없다. 일란성 쌍둥이는 같은 DNA를 가지고 있지만 동일한 위협에 상당히 다르게 대응할 수 있다. 쌍둥이 한쪽에게 스트레스와 관련된 우울증이 발생했다면, 나머지 한쪽의 경우에는 같은 시기 스트레스와 관련하여 우울증이 발생하는 빈도가 40퍼센트밖에 되지 않는다. 이 말은 환경이 상당한 역할을 한다는 뜻이다.

이제까지 밝혀진 바에 따르면 차이는 후성유전학epigenetics에 있다. DNA 서열 변화가 아닌 유전자 발현에 변화가 생기는 과정을 후성유전학이라 한다. 후성유전학에 따르면 실제 기본 DNA 순서가 바뀌지 않아도 DNA 또는 단백질의 분자 변형을 통해 유전자 발현이 달라진다. 우리의 유전자 청사진은 상당히 길기 때문에 이것이 뒤엉키는 것을 막기 위해 단백질 두루마리로 싸여 있다. 이런 유전자 겉에^{epi} 덧붙은 구조가 DNA를 외부와 차단해 노출을 제한하는 덕에, 우리의 유전자^{genetics} 코드가 최고 수준으로 조절된다. 이 단백질 두루마리를 푸는 것 역시 동일한 후성유전 과정으로, 여기에 우리의 인생 경험이 상당히 중요한 인자로 작용한다(후성유전학은 영어로 epigenetics인데, epi는 '위에', '겉에', '위쪽에'라는 의미의 접두사로 '유전자^{genetics}' '위에^{epi}' 무언가 있다는 의미로 저자가 단어를 분해한 것이다—옮긴이).

이런 후성유전학에 따른 변화는 때로 우리에게 피해를 주고, 때로는 우리를 더욱 단단하게 만들어준다. 어느 쪽이든 우리가 얻은 인생의 교훈과 적응 결과는 자손에게 전달된다. 인생의 위기에서 길을 찾아가는 전략과 수단은 DNA가 바뀌지 않아도 우리 자손에게 전달될 수 있다는 뜻이다. 유전은 단지 DNA가 오랜 시간에 걸쳐 무작위로 일으킨 변이뿐만 아니라, 정자나 난자의 변화로 자손에게 직접 전달되는 후성유전학적 변화에 의해서도 일어난다. 구태여 자손에게 일일이 조언할 필요 없이 자손들의 몸에 내장되는 것이다. 후성유전은 후대에 바로 전달되므로 우리는 스스로 책임감을 느껴야 한다. 내가 보기에 후성유전학은 우리 안에 존재하는 희망의 과학이다. 소아마비 백신을 처음 개발한 조너스 소크$^{Jonas Salk}$는 다음과 같은 얘기를 남기며 선견지명을 보였다. "나는 그저 좋은 조상이 되려고 노력할 뿐이다."

우리는 살면서 학대와 고통과 상실의 위협을 맞이한다. 그러나 이 위협에 대응하는 방식은 스스로 선택할 수 있다. 나는 래리가 가하는 위협을 감당하는 유일한 방법은 그 위협에 용감하게 맞서고 그런 경험에서 성장하는 것이지, 위협을 두려워하며 쳇바퀴 돌듯이 생각만 하는 것은 아무 소용이 없음을 알았다. 다행히도 일단 사태가 끝나자 래리는 그곳을 떴고 나는 내가 겪은 일을 마음속으로 처리하며 스스로 나아갈 수 있었다.

그런 위기를 인생 초반에 겪어냈기 때문에 다른 위협은 그리 무섭게 다가오지 않았다. 고도의 스트레스 상황에 대처하고 나면 문제 해결·인식·학습 능력이 향상되고, 후에 힘들거나 예기치 못한 상황이 와도 그에 대비할 수 있다. 심리적으로 적응성 면역이 생기는 셈이다. 래리의 위협을 감당해낸 덕분에 나는 교수의 위협에 대처할 만반의 준비가 되어 있었다. 그가 신경외과 의사로서의 내 경력을 끝장내겠다고 협박했을 때 나는 위기를 벗어날 자신이 있었다.

7

중독

유능한 의사라는 증명

모니터 화면에는 이 여성 환자가 스스로 찾아왔다는 정보가 표시되어 있었다. 이 말은 환자가 혼자 힘으로 나라는 외과 의사를 찾아냈다는 의미였다. 당시 다른 환자들은 모두 다른 의사의 소개를 통해서 나를 알았기 때문에 모두 상담 방문으로 등록되었다. 이 환자는 "저는 푸에르토리코 사람이고 의사예요"라고 스페인어로 자신을 소개했다.

환자는 할로 베스트halo vest를 하고 있었는데, 이는 머리를 목에 단단히 고정시키는 보조기였다. 이마 둘레에 떠 있는 것처럼 보이는 무광의 검은색 금속 고리 때문에 할로(halo, 후광)라는 이름이 붙었다. 이 고리는 보기에는 공중에 떠 있는 것처럼 보여도 사실 나사 네 개로 고정되어 있으며 이 나사는 두피를 뚫고 두개골 두께의 반 정도 균일하게 들어가 있는 상태였다. 이 환자는 오빠, 아버지, 여동생과 같이 왔는데, 이들은 수시로 나사가 들어간 이마 피부 부위에 항생제 연고를 조심스럽게 발라주었다. 이 무시무시한 나사산에서 얇은 알루미늄 지지대 네 개가 두 개는 앞에서, 두 개는 뒤에서 어깨 패드까지 내려와 있었다.

머리에 인 할로가 무거웠기에 환자는 휠체어를 탔다. 머리를 위로 젖히거나, 아래로 숙이거나, 왼쪽이나 오른쪽으로 돌릴 수 없었기 때문에 뻣뻣하게 앉아 있었다. 바로 이렇게 움직임을 제한하는 것이 할로 베스트의 기능이었다. 두개골 가장 아래쪽 뼈와 척추의 가장 위쪽 뼈까지 암이 파고들어 더 이상 머리 무게를 지탱할 수 없었기 때문이다. 조금이라도 움직이면 그나마 남아 있는 약한 뼈가 부러질 것이다. 마치 고문당하는 것처럼 보일 수 있지만, 이것이 환자에게 필요한 조치고 현대 의학이 제공할 수 있는 최고의 방책이었다.

푸에르토리코는 미국령 다섯 곳 중 하나다. 이곳 주민들은 미국 정부에 세금을 내지만 의료 및 수술 기반 시설은 미국 본토와 하와이보다 훨씬 열악하다. 의료 종사자들은 가지고 있는 자원을 최대한 이용하고는 있지만, 의료 서비스가 모든 면에서 충분하지 않다. 이 환자에게 필요한 조치는 푸에르토리코에서는 상상도 할 수 없는 일이었다. 미국의 최고 암 센터는 되어야 이론적으로라도 가능한 치료였다.

마이애미, 워싱턴, 뉴욕, 보스턴의 외과 의사는 이 환자의 수술을 맡고 싶어 하지 않았다. 이제 환자는 내가 있는 병원을 찾아와 자기가 평생 모은 저축금을 탈탈 털어 비용 부담이 가장 큰 입원비는 물론, 나를 비롯한 의료팀의 인건비 그리고 재료비까지 모두 현금으로 감당할 참이었다. 미국에서는 병원 치료에서 개인 의료 보험이나 정부 의료 복지 프로그램의 혜택을 받지 못한다면 현금으로 의료비를 지불해야 한다.

나는 환자와 눈을 맞추고 더불어 경의를 표하려고 한쪽 무릎을 꿇고 자세를 낮추었다. 환자의 눈빛은 이야기하는 내내 강인했지만, 나는 그가 머지않아 자신의 왼쪽 얼굴과 목을 갈기갈기 찢을 고통을 맞이할 준비가 되어 있음을 알 수 있었다. 환자 내부의 신경은 암이 인정사정없이 먹어 치우는 중이었다. 나는 의사로서 이 환자는 어떤 수술로도 치료할 수 없다는 것을 알고 있었다. 그런데도 그가 병원마다 외과 의사를 찾아다니며 수소문한 이유는 소박한 소원을 이루기 위해서였다. 바로 6개월 후 있을 아들의 대학 졸업을 보고 싶다는 소원이었다.

환자의 자궁암은 다른 곳으로 퍼져 4기가 되었지만, 특이하게도 암은 원발지인 자궁 외에 단 한 곳으로만 전이가 되어 있는 상태였다. 4기 암 환자는 다양한 부위에 암이 퍼져 온몸이 암으로 가득 찬 경우가 많으며, 이를 파종성 전이라고 한다. 이런 환자는 온몸이 아프고 의식도 점점 희미해지는 일이 많다. 그러나 지금 이 환자는 의식이 멀쩡했고 할로를 쓴 채 왼쪽 귓불 뒤, 두개골 가장 밑부분이라는 특정 부위에서부터 암세포가 그를 산 채로 잡아먹기를 기다리는 중이었다. 수술을 받지 않는다면 호흡, 심박, 의식 등의 기본 기능을 담당하는 뇌간으로 암세포가 파고 들어오는 악랄한 행위를 가만히 앉아 지켜봐야 할 판이었다.

이 환자는 더 쓸 수 있는 항암제나 방사선 치료가 전혀 없었다. 왼쪽 이마에 박힌 나사가 두피를 살짝 위로 들어 올렸기 때문에 한쪽 눈썹이 이상한 모양으로 올라가 있어, 이 환자는 마치 작고 한 숀 코너리가 연기한 제임스 본드 같은 표정을 하고 있었다. 그의 강렬한 눈은 나에게 이렇게 애원하는 것 같았다. '제발 암 덩어리를 잘라내주세요. 고통스럽겠지만 아들의 졸업을 볼 수만 있다면 괜찮아요.' 수술을 받을 수 있다는 가능성은 환자에게 희망을 주었고, 희망은 그를 지탱하는 힘이었다. 앞으로 내가 할 수술은 저명한 미국 동부 병원에서 불가능하다고 거절한 새로운 수술이었다. 이 분야를 이끄는 선두 주자들은 이 환자의 암은 수술이 불가능하고, 암 덩어리를 잘라내면 환자가 목숨을 잃을 게 틀림없다고 경고했다. 하지만 그런 도전은 나에게 자극제였다.

모욕감, 자기애, 경쟁의식, 중독

캐리나의 수술 이후, 나는 불가능에 가까운 수술을 맡는 데 중독되었다. 마치 수술을 성공하면 과거 실수가 바로 잡히기라도 하는 것처럼. 몇 년간 나는 이런 수술 중독 상태에 빠져 살았다. 지극히 어려운 수술을 성공하면 마치 마리화나 같은 입문용 마약을 한 기분이 들었다. 시간이 흐르면서 솜씨가 발전해 나는 유능하고, 심지어 재능 있다고 인정받는 수준까지 올라섰다. 솜씨가 향상되면서 내 중독은 변태를 거쳤다. 이 시기쯤 되어서는 더 이상 실수를 바로잡겠다는 생각에 이끌린 것이 아니라 마치 외과 올림픽 경기에서 경쟁하듯 다른 외과 의사를 물리치는 짜릿함에 이끌렸다. 이후 나는 기어를 한 단계 더 올렸다. 그저 다른 외과 의사보다 절개를 더 작게, 합병증을 더 적게, 시간을 단축하며 수술을 잘하고 싶었던 것이 아니라 다른 의사는 할 수 없는 '큰 건'을 맡고 싶었다. '큰 건'의 수술이란 할 수 있는 외과 의사가 별로 없는, 절개 범위가 큰 수술을 말할 때 우리끼리 쓰는 말이다. 나중에는 이 말에 반감이 들었지만 말이다.

자기애는 성취의 동력이 되었고, 나는 분노를 잔뜩 품고 있는 자기성애자였다. 나는 지나치게 적대적이었으며 남과 거의 문제를 일으킬 정도까지 부딪쳤다. 칭찬은 넘기고 비판에만 상당히 민감하게 반응했다.

나는 과거에 느꼈던 불평과 분노로 야망에 불을 지폈다. 어쩌면 이 불평과 분노는 대학을 중퇴하고 카페테리아에서 일을 시작했을 때 학생들이 띠던 눈빛 때문에 생겼을 거다. 아마도 그건 어릴 때 나를 보고 모질지 못하다고 생각한 동네 사람들의 표정 때문이었을 거다. 나는 그들이 뭐라 생각하든 신경 쓰고 싶지 않았다. 나는 신경 쓰지 말라고 스스로를 위로했다. 사우스 센트럴 로스앤젤레스에 위치한 콤프턴 커뮤니티 칼리지의 영어 선생님도 내가 학교에 재등록한 이후 같은 내용의 조언을 해주셨다. 제트 선생님은 열정과 목적의식을 가지고 학생을 가르치는 멘토였다. 그는 "다른 사람들이 너를 뭐라고 생각하든 그건 상관할 바가 아니다"는 말을 주문처럼 계속 해주셨다. 나는 진짜든 느낌이든 멸시를 받고 움찔할 때, 어디에서든 냉대를 받을 때, 이분의 말에 의지하려고 노력했다.

모욕은 분노로 바뀌었고 분노는 경쟁의식으로 바뀌어, 수술은 나 자신과 자아를 증명할 수 있는 장이 되었고 나는 승리를 음미했다. 하지만 그 어떤 승리도 내게는 충분치 않았고 나는 도전에 빠져들었다. 다른 외과 의사라면 거의 불가능한 수술을 최초로 해내는 사람이 되기 위한 도전. 언제 마음의 나침반을 잃어버렸는지는 모르겠다. 환자를 위해 수술을 하는 쪽에서 나 자신을 위해 수술을 하는 쪽으로 나침반 바늘이 움직인 순간을. 다행히도 환자와 나의 이해관계는 조율되었다. 환자를 위하면 내 자아가 충족되고, 내 자아를 충족시키면 내 환자에게 득이 되었으니까.

하지만 결과가 어떻든 중독이 건강치 못하고 없애기 힘든 골칫거리인 건 변함없다. 중독은 뇌에 있는 기쁨과 고통의 중추를 점유해 당사자가 육체적 또는 정신적으로 의존성을 띄게 한다. 내 기쁨과 고통의 중추는 어떤 외과 의사도 하지 못했던 수술을 해야겠다는 압도적인 충동에 그 기능을 잃어버렸다. 재능 있는 외과 의사들은 경쟁 심리가 치열하다. 그래서 내가 아무도 성공하지 못한 수술을 해내면 뿌듯함이 몇 달은 갔다. 이런 까다로운 수술에 성공하면 그 소식이 의학 학술지에 실리고 신경외과협회 전체에 알려지기 때문에, 그를 계기로 또 다른 기회가 내게 찾아오기도 했다. 내가 만약 이 환자의 수술에 성공하면, 외과 학술지와 회의에서 나의 수술 성과를 공개할 것이다. 낯설지만 신선하고 창의적인 수술을.

마지막 희망

이 환자는 외과 의사는 아니었지만 의사였다. 그래서 본인의 암이 자리 잡은 위치가 위험하다는 것을 알고 있었다. 그는 수술 도중 사망할 위험이 컸다. 나는 처음에 이 수술은 하지 않겠다고 말했다. 내가 아무리 개인적으로 어려운 수술에 끌린다 해도 이 수술은 이 환자에게 이로울 게 전혀 없었다. 하지만 환자는 내게 거듭 물었다. "종양을 잘라낼 수 없나요?" 그는 자신의 뇌와 척수 사이에 자리 잡은 종양을 제거할 확률이 얼마나 되는지 물었다. 종양은 어쩔 수 없이 몇 달 후 다시 자란다는 걸 그도 알았지만, 그래도 수술 중 사망하거나 수술 중 입은 상해로 바로 사망하지 않고 종양을 잘라낼 확률이 얼마인지 물었다.

나는 종양을 제거하지 못할 확률이 90퍼센트라고 말해주었다. 수술 중 죽음보다 더한 상해를 입게 될 거라고. 이 말에 환자는 이렇게 답했다. "그렇다면 제 기도의 답이 나온 셈이네요. 만약 아무도 수술을 시도하지 않는다면 제가 암으로 고통받고 망가질 확률은 100퍼센트니까요." 나는 그렇게 보진 않았지만 환자의 관점을 존중했다.

하반신 절제술로 환자의 몸 절반이 잘렸던 그때, 나는 환자가

10퍼센트 완치의 가능성에 치중하는 게 잘못된 것은 아닐까 생각
했다. 그에게는 다른 선택지가 있었다. '완치'는 아니라도 몇 년은
더 살 수 있을 덜 극단적인 방법을 선택할 수 있었다. 완치라는 저
항할 수 없는 유혹 때문에 모두가 환자의 자아가 붕괴될 가능성
을 보지 못했다. 하지만 이 의사 환자의 경우, 그의 선택지는 고통
과 더 큰 고통일 뿐이었다. 나는 통증을 줄이고 장애가 생기지 않
도록 해달라는 부탁을 받았다. 우리 둘 다, 내가 아무리 노력해도
그의 생명이 연장되지 않을 거라는 사실을 알고 있었다. 수술로
증상을 일시적으로 완화하면 환자는 아들과 마지막 소중한 시간
을 보낼 수 있게 될 것이다. 아니면 작정하고 마지막으로 싸우러
간 수술실에서 죽음을 맞이하거나.

이 환자도 성공의 가능성이 희박하다는 것을 알았다. 하지만
수술을 받지 못하면 운명은 정해진 거나 다름없었다. 수술 날짜
를 잡는다면 적어도 환자는 희망을 품을 수 있고, 이때 희망은 치
료제 역할을 한다. 희망이란 이상한 것이다. 희망은 사고와 감정
이 실제로 혼합된 산물로, 상황이 암울하거나 불확실할 때 찾아
오는 긍정적인 감정이다. 많은 외과 의사는 희망을, 특히 환자에
게 헛된 희망을 심어주는 것을 조심스러워하지만 희망은 환자에
게 힘을 실어줄 수 있다. 목표를 달성하려면 희망과 더불어 행위

의 발현과 계획, 에너지가 필요하다. 희망 없는 상태에서는 '왜 그런 수고를 해?'라는 무기력감, 또는 이보다 나쁜 심리 상태가 생기기 마련이다. 나쁜 결과를 기대하면 노시보 효과(미국 의사 월터 케네디Walter Kennedy가 소개한 용어로, 약효에 대한 불신 또는 부작용에 대한 염려와 같은 부정적 믿음 때문에 실제로 부정적인 결과가 나타나는 현상—옮긴이)라고 하는 자기 충족적 예언을 경험할 가능성이 높아진다. 플라시보 효과와 정반대 현상이 발생하는 것이다. 이 환자는 자신에게 닥친 막막한 상황에서도 희망을 만들어내려고 나를 찾아왔다. 성공 확률은 희박했지만 나는 환자의 간청을 뿌리치지 않았다.

이 환자가 의사가 아니었다면 나도 보기 드물게 도전적인 수술을 맡고 싶은 바람을 내비쳤을지도 모른다. 그러나 이 환자는 자신의 상황을 다 알고 있었기에, 그에게 나는 성공과 실패를 결정짓는 사람이 아니었다. 그는 운이 좋으면 아들이 졸업할 때까지만이라도 몇 달은 더 살 수 있도록 희박한 확률에 인생을 걸어보고 싶어 했다. 이 환자 입장에서 이 희박한 성공 확률을 위해 분투하는 내 모습을 가만히 그려보았다. 그가 동부 연안의 암 센터에서 거절당한 후 이곳 캘리포니아에 온 것도 다 이 때문이었다. 환자의 가족은 푸에르토리코에서 내가 있는 로스앤젤레스까지 오는 경비를 마련하려고 팔 수 있는 것은 다 팔았다. 은퇴한 아버지는 본인의 집까지 팔 작정이었다. 그가 겪는 고통을, 몸이 갉아 먹히고 갈기갈기 찢어지는 고통을 어느 정도 덜어주고 얼마간의 시간을 벌려고 이들 가족은 모든 어려움을 감수할 태세였다.

이들은 자비로 모든 의료비를 감당해야 했기 때문에 나는 이 환자를 로스앤젤레스 동쪽의 좀 저렴한 병원에 입원시켰다. 가족이 집을 팔아야 할 정도의 의료비가 나오지 않도록 나는 그곳에서 수술을 진행했다. 또한 나와 동등한 실력을 갖춘 신경외과 박사를 또 한 명 영입해서 의료진을 보강했다. 우리는 복잡하고 상당히 위중한 환자를 수술하기 위해 2인 의사 체제라는 새로운 수술 방식을 개척했다. 나와 마찬가지로 그는 도의적으로 아무것도 요구하지 않았다. 그러나 이 수술은 돈에 관한 문제가 아니었다. 이건 영광에 관한 문제였다.

나는 수술 날짜를 정하고 수술팀을 선정했다. 마취과 의사 두 명, 외과 의사 두 명, 간호사 두 명, 필요한 심부름을 담당할 인력 두 명 그리고 환자 한 명. 나는 수술팀이 수술실을 차리기 전 병원에 도착했다. 나는 폐기물 처리통을 이리저리 움직여보고 수술 도구를 점검하고 여분의 장비가 들어 있는 캐비닛을 정리했다. 나는 수술 중 필요한 것을, 그것도 급하게 필요한 것을 요청해야 할 순간에 구체적으로 어떤 점을 더 보완해야 할지 만전을 기했다. 위기가 발생하기 전 미리 준비하는 위기 대비. 이런 세세한 것들을 미리 챙겨놓으면 집중을 유지할 수 있다. 준비는 출발점이다. 훌륭한 성과는 결코 우연히 오지 않는다.

나는 이 환자에 관한 어떤 것도 운에 맡기고 싶지 않았다. 우리는 평상시의 수술팀을 더욱 보강한 것 외에도 기술자의 도움을 받아 수술 중 환자의 온몸에 전극을 연결해서 신경의 상태를 관찰했다. 이제 환자의 폐에는 인공호흡기 관이 연결되었고 두툼한 정맥주사줄이 경정맥(목에 있는 정맥)에 삽입되어 가지런히 정렬되었다.

이후 우리 의료진은 환자의 정수리부터 발가락 끝까지 전기 연결을 측정하는 '기본 점검' 시간을 가졌다. 기술자가 환자의 두개골과 뇌에 전기를 보내 다리의 전극이 신호를 감지하는지 확인했다. 전극이 신호를 감지한다면 환자가 '잠들어 있어도', 뇌와 몸이 전기로 연결되었다는 증거가 된다. 이를 확인한 후 나는 환자의 할로를 벗기고 대신 다른 금속 고리를 씌운 다음 고정 핀을 꽂아 환자의 상체가 수술대 위에서 움직이지 않고 제자리를 유지하도록 했다. 환자의 머리와 목은 너무 약하게 붙어 있었고 그나마 연결된 부분도 대부분 살이지 뼈대가 아니었다.

다음으로 우리 의료진은 환자의 얼굴이 아래를 보도록 환자의 몸을 아주 조심스럽게 뒤집어 본격적인 수술 준비를 해야 했다. 환자는 목이 너무나 약해서 이렇게 몸을 돌리는 동작만으로도 사망할 수 있었다. 다섯 명이 환자를 수술대 위에 엎드리게 하는 데 동원되었다. 다리 쪽에 두 명이 붙어서 한 명은 다리를 돌리고 한 명은 돌린 다리를 잡았으며, 몸통도 같은 방식으로 두 사람이 진행했고 머리는 내가 맡았다.

환자를 수술대 위에 안전하게 엎드리게 한 후 정수리부터 어깨뼈 사이까지 목 뒤를 따라 절개했다. 환부를 열어보니 종양이 모습을 드러냈다. 우리 의료진이 하는 절차는 폭탄을 제거하는 작업보다 더 긴장되는 일이었다. 우리가 하는 수술은 폭탄을 안전하게 해체하려고 어떤 전선을 끊어야 할지 결정하는 일이 아니었다. 전선을 자르지 않고 폭탄을 제거하는 일이었다.

더구나 이게 다가 아니었다. 심장에서 나와 척추뼈를 통과해 뇌기저동맥으로 합쳐지는 한 쌍의 척추동맥도 고려해야 했다. 여기에서 뇌기저동맥은 다른 동맥과 추가로 연결되지 않고 작은 혈관으로 나뉘는 희귀한 동맥이다. 척추동맥 한쪽에서 뇌기저동맥으로 가는 혈액 흐름이 막히면 '파충류의 뇌'에 뇌졸중이 발생할 위험이 있다. 뇌간 뇌졸중 환자는 아예 깨어나지 못하기도 하고, 깨어났지만 몸이 마비되는 상태, 즉 의식은 있지만 눈꺼풀만 깜박거릴 뿐 근육을 전혀 움직이지 못하는 상태가 되기도 한다.

그때 내가 왜 그렇게 침착함을 유지하며 온 정신을 집중했는지 모르겠다. 단순히 기운이 불끈 난다거나 뭔가 끓어오르는 것보다 훨씬 압도적인 느낌이었다. 어쩌면 강한 중독에서 생겨난 감정이 아니었나 싶다. 황홀한 느낌이라기보다 자아가 해체되는 느낌, 말 그대로 무아지경에 가까웠다. 나는 수술 중 시행할 움직임과 기술에만 오롯이 집중했다. 절개는 몇 시간이 걸렸지만 몇 분 만에 끝난 느낌이었다. 나는 부담감을 안고서도 잘해내고 있었다. 다섯 시간 후, 수술팀은 마침내 종양을 떼어냈고 환자는 잠시 동안이나마 암에서 해방되었다. 그는 내게 선물을 주었다. 내 기술에서 깊은 의미를 깨달을 수 있는 방법을. 마음과 몸이 합체되는 가장 도달하기 힘든 몰입의 상태를.

하지만 해야 할 일이 아직 더 있었다. 절개는 성공적이었지만 이로 인해 머리와 목 사이의 연결이 더욱 약해졌다. 티타늄 나사와 막대를 사용해서 둘을 다시 연결해야 대수술 후 타격받은 내부 구조를 보강할 수 있었다. 척추 맨 위의 뼈 두 개는 아주 독특하게 생겼고 서로 밀접하게 연관되어 있다. 이 둘은 마치 신화의 세계에 있기라도 하듯 아틀라스^atlas (제1경추, 환추라고도 한다. 대지를 어깨에 지고 있는 그리스 신화의 신 아틀라스의 이름을 땄다. 고리 같은 모양의 구조로 두개골의 무게를 지탱하고 머리의 끄덕임과 기울임 같은 움직임을 가능하게 한다―옮긴이)와 축^{axis}(제2경추, 축추라고도 한다. 환추 바로 아래에 위치하고 머리가 회전하는 축이라 이런 이름이 붙었다―옮긴이)이라는 이름으로 불린다. 환자의 두개골을 척추의 이 부위에 연결하면 머리가 필요한 지지를 받을 터. 이 수술을 고려하기 전 받았던 방사선 요법으로 인해 환자의 동맥은 구불구불해져 있었는데, 마지막 나사를 박으려고 가이드 구멍을 냈을 때 그만 척추동맥 하나에 구멍이 나고 말았다. 뼈에 난 아주 작은 구멍으로 고압의 동맥혈이 아주 세차게 뿜어져 나왔다. 사람 비명 같은 소리가 났다. 재빨리 얼굴을 왼쪽으로 돌린 덕분에 귀 쪽으로 피가 튀었다. 따뜻한 피가 귓불을 타고 뚝뚝 떨어지는 게 느껴졌다. 손가락으로 구멍을 막은 다음 머리를 다시 돌렸더니 수술실에 있던 누군가가 수건으로 내 머리를 톡톡 두드려주었다. 대화는 전혀 필요 없었다.

환자의 혈압은 떨어졌고 우리 팀은 각자 역할을 수행했다. 두 시간 동안 동맥을 손보면서 이상이 없기를 바랐지만 아무 소용이 없었다. 이제 마지막 비상 대책만이 남았다. 구멍에 긴 금속 나사를 넣고 뼈와 동맥 안으로 돌려 넣어 뼛속에 혈관을 잡아두었다. 이런 상황에서 임상적으로 허용되는 방법이긴 했지만, 다른 쪽 척추동맥에서 나오던 혈류가 충분히 남았을까 싶었다.

90초 후 신경 상태를 추적하던 기술자가 말했다. "한쪽 다리에서 신호가 전혀 잡히지 않아요." 나는 마취과 의사에게 아드레날린을 주입해 혈압을 올리라고 말한 후, 기술자에게 다시 한 번 전류를 보내보라고 지시했다. 맥관계통에 혈류량이 늘어나고 혈압도 약간 올라갔지만, 나머지 한쪽 척추동맥의 혈류량은 원래대로 돌아오지 않았고, 뇌간의 일부는 3분 후 죽고 말았다. 일부 뇌 신호가 환자의 두개골 밖으로 나오지 않았다. 이 때문에 한쪽 다리에서 신호가 잡히지 않았던 것이다. 나는 환자의 몸에 손상이 갔다는 건 알았지만, 어느 정도일지는 알 수 없었다. 더불어 다리 기능 외에도 많은 것을 담당하는 '파충류의 뇌' 일부 조직이 분명 수술 중 마비되었다는 사실도 알아차렸다. 의식과 관련된 부분이 손상을 받지 않았나 심히 걱정되었다. 일단 환자가 깨어날 때까지 기다려보는 수밖에 없었다. 아무리 많은 전극을 연결하고 화면상에서 신경 상태를 추적해도 정보는 나타나지 않았다.

환자의 가족은 수술실 밖에서 초조하게 기다리고 있었다. 나는 가족에게 일단 그의 목숨은 살렸지만 수술 중 환자가 어느 정도로 어떤 종류의 손상을 입었는지는 두고 봐야 한다고 알려주었다. 참으로 긴 한 시간이었다.

환자가 깨어난 후에야 우리는 그가 입은 손상을 살펴볼 수 있었다. 그는 왼쪽 다리의 모든 운동 감각을 잃었고 왼쪽 팔은 약해졌다. 환자가 입은 손상에서 수술 과정이 얼마나 위험했는지 알 수 있었다. 나는 최악의 결과에 대비해 마음의 준비를 하고 있었기 때문에 그가 깨어난 것만으로 안심이 되었다. 우리 팀은 새로운 시도를 해냈고, 완벽하지는 않았지만 발전을 일구어냈다.

환자는 한동안 통증을 느끼지 않았다. 할로는 쓰지 않았지만 휠체어는 필요했다. 그는 10개월 후에 죽음을 맞았지만, 아들의 졸업식 때 아들과 마지막 사진 한 장을 찍을 수 있었다. 이 환자와 가족에게 마침내 희망이 전달된 셈이다. 이 가족은 깊이 감사해하며 편지로 소식을 전해주었다. 이 수술로 나는 승진했고, 내가 활동하는 중요한 영역과 수술 대가의 의견이 오가는 학계에서 명성을 얻게 되었다.

환자의 여정이 산의 정상이다

하지만 여전히 나는 만족하지 못했다. 선두에서 달려가던 중 마지막 장애물에서 치명적인 실수를 했기 때문에. 나는 항상 더 잘할 수 있었을 거라는 생각을 했다. 그건 중독이었다.

내 내면을 보자면, 나는 고질적으로 긍정적인 생각을 이끌고 가지도 못하고, 남의 찬사를 받아들이지도 못한다. 나는 노력하는 사람이었다. 대학 입학으로 모두를 놀라게 한 철없는 10대였고, 대학에서 처음에 고전하기는 했지만 의학전문대학원에 입학해서 또 한 번 모두를 놀라게 했다. 그런데 캐리나라는 아이를 만나 그 아이를 불구로 만든 후 1년이라는 시간 사이에 자기 증오로 가득 찬, 어떤 날것의 감정이 자리를 잡더니 서서히 자라났다.

사실 대학을 중퇴한 후 학사 학위를 받는 것만으로도 대단한 일이다. 의학전문대학원에 한 번에 들어가는 것도 마찬가지다. 많은 의대생이 본인의 야망을 저버리곤 한다. 자신의 사회적 불안을 누그러뜨리려고 의사라는 그 허울 좋은 직업을 택하기 때문이다. 하지만 나는 경쟁이 치열해질수록 야망이 커져만 갔다. 내가 이미 거부하고 이겨낸 것은 전혀 보이지 않았다. 유일하게 신경 쓰이는 것은 내 주변 사람들과 그들의 허세였고, 나는 이들의 겉치레에 흠집을 내고 싶었다. 나는 지력이 필요하긴 하지만 이것만으로는 성공하기에 충분치 않은 영역에서 내 존재감을 이들에게 인정받고 싶었다. 부담이 있는 상황에서 기량을 발휘하는 것은 보기 힘든 능력이자 누구도 부정할 수 없는 성취니까.

나는 항상 과소평가된다는 느낌을 가지고 살았다. 내 가장 오래된 기억부터 이 감정이 실려 있다. 나를 상대로 한 전 세계적인 공모 작전은 없을 텐데도, 나를 향한 대수롭지 않은 모든 냉대와 과소평가가 모욕처럼 느껴졌다. 내가 어릴 때부터 해낸 일은 대부분 다른 사람이 틀렸음을 증명하는 것이었고, 나에 대해 잘못된 판단을 내린 그들을 곤란하게 하려는 의도였다. 이건 내가 다른 사람보다 낫다는 느낌도, 내가 다른 사람보다 재능이 더 많다는 생각도 아니었다. 그건 내 잠재력을 맘껏 펼치지 못한 느낌이었다. 이상하게도 진짜 적이든 만들어낸 적이든, 적을 갖는 것은 내게 에너지의 원천, 즉 추진력의 원천이 되었다. 자기애와 불안이 병적으로 합쳐진 현상이었다.

이건 내 결점이다. 나를 이끌어주는 자양분이 아니었다. 하지만 이건 나를 괴롭히는 트라우마가 아니라, 그냥 나였다. 뇌 속의 그 무언가가, 어쩌면 뇌섬엽 안의 무언가가 이런 식으로 반응하도록 나를 부추겼고, 이런 반응이 내가 살고 싶은 삶의 방식에 장애물이 되었다. 뇌는 마음의 승객인 동시에 운전사다. 우리는 무의식적으로 결정을 내리기도 하지만, 결정을 내린 그 마음이 정처 없이 표류하다 다시 돌아와 뇌에 변화를 일으키고 그 결정을 바꿀 수도 있다. 뇌는 우리 몸에서 기계적인 일을 처리하지만 그보다 한 수 위의 일도 가능한 유일한 기관이다. 한쪽만 묶이고 다른 쪽은 자유로운 연과 같다. 뇌는 신경생물학에 따라 움직이지만 그 원리를 넘어 자유롭게 떠다니며 춤을 춘다. 인간은 생각하는 육신이다. 우주에서 가장 신비로운 존재다.

야망이 어떻게 마약만큼 중독성이 있는지 알아보려면, 도박의 신경과학을 생각해보면 된다. 도박꾼들은 어떤 약도 하지 않지만 마약중독자와 똑같이 흥분하고 무기력감을 느끼고 비이성적 행동을 한다. 도박은 뇌의 화학 조성을 엉망으로 만든다. 진정한 중독은 끝이 없다. 정상頂上도 없다. 오직 끝없는 갈망과 찾아도 금방 사라지는 황홀감이 있을 뿐이다.

내 중독은 좀 달랐다. 나는 유해하고 파괴적인 요소를 좀 더 생산적인 방향으로 바꿔 의미 있는 목적을 달성할 방법을 찾아갔다. 어쩌면 이렇게 믿고 싶었는지도 모른다. 아이를 망친 그저 그런 외과 의사가 아니라는 것을 스스로 입증하려고 완벽해지고 싶었다. 다른 사람이 할 수 없는 수술을 맡아 진행하면서 정말 중독이 내 안에 자리를 잡았다. 의학적 문제를 일으키지 않는 중독도 결국 안정감과 균형을 깨뜨려 삶과 인간관계를 망치며, 거스르기에는 에너지가 너무 많이 드는 흐름으로 변질된다. 중독으로 맛보는 황홀감은 정말 강력하다. 이는 무엇과도 비교할 수 없는 경험으로 내게 능력이 있다는 것을 다시 한번 상기시켜주며, 누구라도 집중력을 발휘할 수 있다면 그 내면에 잠재력이 있음을 깨닫게 한다.

도파민에 의존하는 뇌의 보상 시스템은 '도파민 분비' 같은 문구처럼 너무 단순하게 취급되었다. 쥐가 미로를 통과했을 때 간식을 얻거나 누군가 음식 대신 코카인을 선택하는 것처럼 뇌의 보상 시스템은 분별없이 보상을 열망하도록 설계되어 있지 않다. 뇌의 보상 시스템은 양날의 검과 비슷하다. 보상 시스템은 전전두엽 피질에서 관리하지 않으면 파괴적인 행동을 일으킬 수 있음은 물론, 장기적인 대처 행위도 주도할 수 있다. 잘못된 보상 시스템이 둔마된 정동(두드러진 감정 표출이 없는 상태─옮긴이)을 일으키고 잠재적으로 건강에 도움이 되는 행위를 기피하게 만드는 것처럼 잘 설계된 보상 시스템은 잘 살고자 하는 동기를 찾게 해주고 건설적인 습관에 마음이 끌리도록 해준다. 긍정적인 것에 관한 기대와 희망은 행동을 일으키는 가장 강력한 인자다.

캐리나 사건 이후 나에게는 분화구, 즉 원초적 상처가 생겨 신경화학적 균형이 무너졌고 그동안 성공과 명성으로만 쌓아올린 허술한 집이 붕괴되고 말았다. 캐리나에게 벌어진 일은 내 마음에 가시가 되었고 나는 10년 이상 그 가시를 몸에 지니고 살았다. 나는 정신적인 해결책을 찾으려고 노력했다. 이건 내 개인적인 두려움이었고, 내 사고를 비틀어 놓았다. 나는 이 상처를 치유하려고, 이 치욕에서 벗어나려고 개발도상국에서 소아 신경외과학을 가르치고 진료도 보았다. 그러나 지름길은 존재하지 않는다. 정말 진심으로 시작한 일이었는데도 이런 시도조차 떠들썩하게 인정을 받는 쪽으로 흘러갔다.

이런 내 중독은 잊을 수 없는 한 환자 덕에 사라졌다. 정말 가까운 분. 나에게 어떤 외과적 처치도 받지 않은 환자. 그 환자는 바로 내 아버지였다. 아버지는 몇 년 전 평범한 수술을 받은 후 합병증으로 돌아가셨다. 이 뜻밖의 죽음, 그리고 수술이 가능하다 해도 치유는 별개이며 훨씬 복잡한 일이라는 사실을 마주하고 나서야 나는 내 직업을, 그 직업에서의 내 역할을 새로운 시각으로 바라보게 되었다.

나는 절개 부위가 크고 위험한 수술에서 짜릿함을 찾는 일을 그만두었다. 더 이상 큰 건을 찾아 나서지 않는다는 말이다. '큰 건'이라는 말은 환자와는 아무 관계가 없다는 것을 깨닫고 나니 이제 이 말이 역겹게 느껴진다. 외과 의사는 어려운 수술에 성공했음을 다른 의사에게 내세울 경우에만 이 용어를 쓴다. 나는 수술의 영광이 아닌 수술 과정에 집중하면서 희열을 느끼기 시작했다. 수술 자체에 강렬한 감정을 이입할 필요가 없었다. 내 통제 밖에 있는 요소가 너무 많다는 사실, 그래서 최선을 다하되 이후에 오는 인생의 부침도 즐겨야 함을 깨닫게 되었다. 장인이 되자. 단순해지자. 환자를 포용하고 의료 시스템에 의문을 던지자. 수술은 산의 정상이 아님을 깨달았다. 환자의 여정이 산의 정상이다.

자신이 살면서 추구하는 보상이 무엇인지 한번 의식해보고 무슨 동기로 그런 보상을 열망하는지 스스로에게 물어보자. 혹시 파괴적인 동기는 아닌가? 우리 뇌는 보상을 쫓아갈 태세가 되어 있다. 그게 우리 삶을 앞으로 나아가게 해주는 추진력이다. 이런 동력이 없으면 우리 삶에 주도권이나 방향이 없어진다. 바람이 잔 바다에서는 앞으로 나아갈 수 없다. 우리는 자신의 갈망도 관리할 필요가 있다. 갈망을 의식하고 잘 관찰해서, 궁극적으로 좋은 방향으로 이끌어야 한다. 내적으로 갈망을 이끌 통제력을 잃으면, 우리는 중독이라는 병에 걸린다.

중독은 내 인생에서 잘못된 길이었다. 몇십 년간 이어진 긴 여정에서 나는 귀중한 수술 기술을 쌓았지만, 지금은 환자가 필요로 할 때만 가끔 그 기술을 펼치는 기회를 즐긴다. 나는 몰입 상태에서 고난도의 기술을 펼치는 어려운 수술을 좋아하지만, 이제는 나에게도 한계가 있고 무리하면 안 된다는 것을 깨달았다. 전에는 하지 않았던 기본적인 수술도 기꺼이 한다. 그리고 내 불안감을 달래려고가 아니라 환자를 위해 수술을 할 수 있음에 감사하게 되었다. 암 수술이 환자에게 도움이 되고 또 환자가 그러기를 원하는 경우 나는 이런 수술에 깊은 만족감을 느끼며, 이제는 사회적인 기준이나 직업적인 기대를 배제하고 환자를 위한 결정을 내린다. 나는 가장 중요한 본체에 집중하는 법을 배우는 중이다. 환자와 외과 의사. 수술 위험이 높을 때 환자와 나누는 경험은 내 삶을 더욱 풍요롭게 하고, 내가 성장할 수 있는 기회를 준다.

8

가치

나에게 정말로 중요한 것

여러분은 만약 어린 소녀가 수술 중 죽어간다면 이 아이를 살리려고 수혈을 하겠는가? 그런데 만약 이 아이의 부모가 수혈이 신의 가르침에 어긋나며, 딸에게 영원한 고통을 안겨준다고 믿는다면 어떻게 하겠는가?

엘레나와 그 부모를 처음 만났을 때만 해도 내가 설마 이런 선택에 직면할 줄은 몰랐다. 엘레나는 혈관모세포종(혈관 기원성 뇌종양. 소아에게 발생하는 여러 가지 뇌종양 중 하나로, 악성도는 낮다) 진단을 받았다. 혈관모세포종은 수술을 통해 종양을 제거한다면 완치가 가능하다. 암 전문 외과 의사가 이런 사례를 맡으면, 종양을 수술로 완전히 제거해 환자를 완치로 이끄는 드문 기회가 생긴다.

엘레나의 수술에서는 종양을 완전히 도려내 잔여 종양을 전혀 남기지 말아야 했다. 동시에 신경조직이 손상되지 않도록 조심해야 했다. 두 가지 모두 실수 없이 해내는 것은 어려운 일이라, 이런 수술은 의사에게 완벽한 도전의 장이다. 오로지 외과 의사의 기술로 수술 결과가 결정되는 시험 무대. 결과는 총 네 가지로 압축된다. 종양은 완전 제거되었지만 신경이 손상된 상태, 종양은 완전히 제거되지 못했지만 수술은 실수 없이 끝난 상태, 종양이 완전히 제거되지 못하고 신경도 손상된 상태, 종양도 완전히 제거하고 수술도 완벽하게 끝난 상태. 수술만 제대로 되면 환자는 수술 후 추가 치료, 즉 항암과 방사선 치료를 따로 받지 않아도 된다.

처음 만난 자리에서 엘레나의 부모는 나에게 본인들이 여호와의 증인 신자라고 말하면서 딸이 수혈받는 것은 허용할 수 없다고 했다. 이들의 입장은 분명했다. 어떤 상황에서도 수혈은 절대 안 된다. 나는 이들의 신앙을 존중했고, 자식을 사랑하는 부모의 바람을 거스를 의도는 전혀 없었다. 여호와의 증인에서 수혈을 금지하는 교리는 혈액 섭취를 금했던 성경 구절에서 비롯되었다. 이들은 수혈이 다른 형태의 혈액 섭취이며, 영양보급관을 통해 혈액을 받아먹는 행위라고 여긴다. 수혈 금지를 위반하는 행위는 여호와의 증인 신도에게 있어 보통 심각한 일이 아니다. 실제로 교리를 위반하면 엄청난 대가를 치를 수 있다. 여호와의 증인 웹사이트에는 다음과 같은 문구가 명시되어 있다. "그런 행위는 우주의 가장 높은 권위, 즉 창조주에 거역하는 것이고 (…) 창조주와 맺은 관계는 위태로워지리니."

엘레나의 부모는 내가 그동안 이 종교에 대해 가졌던 편견을 토대로 예상했던 여호와의 증인 신도 모습과는 전혀 딴판이었다. 로스앤젤레스에 사는 다른 부유한 사람과 별반 다르지 않아 보였다. 이들은 장로에게서 내가 환자의 피 손실을 최소로 하고 수술을 마칠 수 있는 의사라는 얘기를 듣고 나를 찾아왔다고 했다. 손놀림이 빠른 의사는 뭘 해야 하는지 잘 알고 있고 최소한의 절차로 수술을 끝낼 수 있기 때문에 환자의 혈액 손실이 적다. 엘레나의 부모가 하도 많은 서류를 가지고 와서 나에게 검토할 것을 요구했기 때문에 나는 이들이 집이라도 구하는 줄 알았다.

런던지역수혈위원회는 수혈을 원치 않는 환자를 관리하려고 여러 가지 순서도와 점검 목록을 마련했다. 이 순서도는 크게는 미리 손실 혈액량을 추정하는 것부터 작게는 성인의 혈액 견본에 소아과용 튜브 사용을 권장하는 것까지 여러 요소에 영향을 미친다. 환자가 점검하고 허용할 것과 거부할 것을 표시해야 하는 혈액 목록도 있다. 이 점검 목록에는 적혈구, 혈소판, 신선동결혈장, 동결침전제제 알부민, 재조합체(유전적 재조합이나 유전자 조작으로 형성된 재조합 DNA를 함유하는 생물체 총칭―옮긴이) 응혈인자, 섬유소원농축제제(급성 출혈에 조치하기 위한 혈액 응고 인자―옮긴이)가 있다.

이들은 혈액을 구성하는 개별 요소다.

여호와의 증인 신도에 적용되는 엄격한 수혈 금지 교리 때문에 수정된 방침이 몇 있다. 환자의 혈구가 부족할 경우, 식염수를 넣어 혈관의 경련과 파열을 방지해 혈압을 유지할 수 있다. 이런 조치가 조직에 산소를 운반하는 데는 도움이 되지는 않지만, 혈관이 막히는 걸 방지해서 남아 있는 적혈구가 제 일을 할 수 있도록 도와준다. 여호와의 증인은 대체로 이런 의료 조치는 수용한다는 입장이다. 어떤 교인은 적혈구생성인자 주입을 허용해 달라고 교회에 요청하기도 한다. 이 물질은 골수 내 적혈구 생산을 촉진한다. 항암 치료를 받는 암 환자는 떨어지는 적혈구 수치를 올리려고 적혈구생성인자를 맞는다. 운동선수 또한 경기에서 우위를 점하려고 불법이지만 적혈구생성인자를 맞기도 하는데, 이 물질이 고산지대 훈련 효과를 낼 수 있는 약리학적 대체물이기 때문이다.

엘레나는 폰히펠-린다우 증후군을 앓고 있었다. 이 질환은 몸에서 적혈구생성인자를 과하게 만들어내는 희귀한 유전병이다. 이 병으로 엘레나의 몸 전체에 종양이 자라났다. 이 질환은 아버지에게서 유전된 병이었다. 결국 이 폰히펠-린다우 증후군으로 엘레나에게는 뇌 뒤쪽과 신장 상부, 즉 부신에 종양이 생겼다. 뇌종양의 바깥 경계면은 밝고 안은 어두웠으며, 마치 양수 안에 외계인 태아가 떠 있는 듯 종양 안에 밝고 흰 작은 결절이 있었다. 이 종양은 심지어 자체적으로 성장촉진물질도 생산할 수 있다. 종양은 DNA 분자를 조종해서, 혈관을 생성하는 혈관성장인자와 골수에 적혈구 생산을 명령하고 분비하는 단백질인 적혈구생성인자를 마구잡이로 생산하도록 유도한다. 이는 곧 두 가지를 의미했다. 우선 종양은 양분을 공급해줄 혈관을 많이 확보하게 되었고, 적혈구생성인자를 몸의 모든 동맥에 분비하고 있었다. 그 결과 엘레나는 적혈구 용적률이 높아졌다. 이는 곧 수술에 이점으로 작용했다. 적혈구 수가 보통 사람보다 많다는 것은 환자가 수술 중 혈액을 다소 잃더라도 신체 기관에 충분한 산소를 공급할 수 있는 여력이 된다는 의미였다.

뇌 수술 종류는 100가지가 넘으며, 수술 전에는 환자에게 수혈이 필요한지 아닌지 확실히 알 수 없는 경우가 많다. 어떤 수술에서는 환자의 출혈이 많아질 수 있다는 것을 의료진이 예상하기 때문에 환자의 혈액형에 맞는 혈액을 준비해 놓는다. 또 어떤 경우에는 가슴이 쿵 내려앉는 응급 사태가 발생하기도 하는데, 이때 의료진은 모든 인간에게 수혈 가능한 Rh-O형 혈액을 환자에게 주입한다. 이 유형의 혈액은 누구에게도 면역 반응을 일으키지 않기 때문이다. 둘 중 어떤 경우라도, 혈액이 충분치 않아 환자가 사망하는 경우는 없다. 환자가 수술대에서 사망하는 경우는 출혈 속도만큼 혈액이 빠르게 들어가지 못하기 때문에 발생한다. 또한 청소년의 몸은 성인의 몸만큼 혈액 손실에 잘 대처하지 못한다.

엘레나의 경우, 뇌 이외에 부신에도 종양이 자리 잡고 있었다. 부신은 흔히 스트레스 호르몬으로 알려진 코르티솔을 분비한다. 뇌는 호르몬 조절을 주관하는 부위인 뇌하수체(콧대 바로 뒤에 있음)를 자극해 몸속 다양한 내분비샘의 분비를 통제한다. 그리고 뇌하수체는 그 위쪽에 위치한 시상하부의 명령을 듣는다. 이렇게 시상하부hypothalamus–뇌하수체pituitary–내분비샘adrenal (이하 HPA)의 3단계 축을 통해 여러 개의 다이얼이 마련되어, 몸 안에서 끊임없이 순환되는 신경화학물질과 호르몬의 혼합 물질이 미세하게 조절된다. 이들 다이얼은 우리의 생각과 의도에서 벗어나 독립적으로 작동하지 않는다. 전전두엽이 모든 작동을 명령하고 이 부위 아래로 연결된 신경 가지가 진화되어 이 다이얼을 조정하며, 이에 따라 HPA 작동이 조절되고 그 결과 스트레스 요인에 대한 우리의 궁극적 반응이 조절된다.

종양에 장악당한 엘레나의 부신은 뇌하수체에서 나오는 신호 없이도 마음대로 호르몬을 발사하고 있었다. 스트레스가 없어도 스트레스 반응을 일으키는 그의 몸은 한 마디로 온 힘을 다하는 중이었다. 엘레나의 몸은 마치 스트레스를 받는 것처럼 반응했지만 정작 본인은 스트레스를 느끼지 않았다. 전전두엽이 스트레스를 처리했기 때문이다. 엘레나의 '이성의 뇌'는 스트레스 받을 이유가 전혀 없다고 판단해서 아드레날린 분비가 갑자기 늘고 혈압이 치솟아도 이를 무시했다.

수술 전 우리 의료진은 이런 식의 아드레날린 분비를 제어할 필요가 있었다. 이 조치를 하지 않으면 수술 중에 받는 스트레스로 혈압이 상당히 올라가 동맥 여럿이 터지는 악성고혈압 증상이 발생한다. 우리는 아드레날린 분비 제어를 위해 엘레나에게 프로프라놀롤을 투여했다. 이 약물은 혈관과 심장의 수용기를 차단해, 제멋대로 날뛰는 일부 스트레스 반응 다이얼을 약한 쪽으로 돌려놓는다. 그래서 프로프라놀롤은 혈압을 떨어뜨리고, 사람들의 트라우마를 잊게 하는 데도 사용된다.

'영혼'이 걸린 문제

엘레나는 앉은 자세로 수술을 받았다. 수술대를 의자로 변형했고, 금속 핀으로 상반신을 받쳐주고 머리를 똑바로 지지해 엘레나가 의식이 없는 상태에도 앉는 자세를 유지시켰다. 이렇게 중력을 이용하는 자세는 환자가 수평으로 누워 있을 때는 보이지 않던 통로를 발견할 수 있다는 이점이 있다.

그런데 머리를 여는 과정에서 나는 종양 근처에도 가보지 못하고 생각지 못했던 적을 만났다. 머리 뒤쪽 혈관을 덮는 경막은 다른 부위보다 더 얇다. 다른 두개골 부위처럼 빨리 구멍을 뚫는 방법은 적용할 수 없기 때문에 나는 엘레나의 두개골의 얇은 막을 조심스럽게 벗겨내면서 수술을 시작했다. 다이아몬드로 된 날이 달린 작은 드릴로 두개골이 계란 껍데기처럼 얇아질 때까지 두개골의 겉막을 걷어냈다. 이 방법을 에그셸링eggshelling이라고 한다. 그런 다음 가는 끝 같은 도구를 이용해 두개골의 최심층을 조심스럽게 들어올렸다. 이렇게 조심스럽게 들어올렸는데도 엘레나의 정맥동합류가 조금 찢어지고 말았다. 이곳은 세 개의 주요 정맥이 합류하는 부위로, 이들 정맥은 합류 후 오른쪽과 왼쪽의 경정맥을 타고 내려가면서 뇌에서 심장으로 피를 보낸다.

이건 바로잡을 수 있는 실수였다. 어려운 일일 테지만 불가능한 일은 전혀 아니었다. 하지만 환자가 수혈받을 수 없기 때문에 난관이 겹쳐버렸다. 찢어진 부위의 가장자리를 겹쳐 40~50바늘 정도 땀을 작게 해서 봉합해야 했다. 일단 찢어지지 않은 혈관 부위부터 시작해서 찢어진 혈관의 양쪽을 안쪽으로 쭉 봉합한 다음, 가운데 부분은 마지막으로 한 번 더 이중 봉합했다. 정맥은 넓고 늘어져 있기 때문에 봉합하면서 바늘이 혈관 양쪽을 관통하지 않도록 조심했다. 게다가 봉합하는 속도도 빨라야 했다. 이렇게 한 땀 한 땀 꿰매는 사이에도 정맥에는 엘레나의 뇌에서 나오는 피가 멈추지 않고 흘러야 했다. 마치 물속에서 새는 파이프를 고치는 작업과 같았다. 피가 계속 흐르기 때문에 한 땀씩 이어가는 게 어려웠다. 그리고 이 작업을 여러 번에 걸쳐 반복해야 했다.

한 땀씩 꿰맬 때마다 엘레나는 피를 점점 더 많이 잃겠지만 그래도 종양 덕분에 여분의 혈액이 남아 있는 상태였다. 나는 '해낼 수 있을 거야'라고 혼잣말을 했다. 스스로에게 용기를 주려고 했지만, 내 감정의 문이 닫히는 게 느껴졌다. 최고의 결과를 내려면 봉합을 하면서 내 감정을 조절해야 하는데 말이다.

감정을 조절하려면 우선 스스로 내면에 집중할 수 있다는 것을 의식하고 내가 느끼는 감정을 살펴야 한다. 감정을 조절하려면 먼저 감정을 의식해야 한다. 우리는 상황에 맞게 감정이 생겨나길 원한다. 많은 이들이 외과 의사가 수술을 잘하려면 자기 자신과 감정을 분리할 줄 알아야 한다고 오해한다. 사실 나는 이와 정반대다. 수술대에 누워 있는 사람을 알고 있다는 감정의 무게는 내 수술 실력을 끌어올리고, 그 순간에 온전히 집중할 수 있도록 나를 이끌어준다.

우리는 살면서 스트레스가 필요하다. 만약 스트레스가 충분하지 않으면 우리는 약해지고, 스트레스가 너무 많으면 무너진다. 이는 세포도 마찬가지다. 스트레스가 충분하지 않으면 뇌 속 줄기세포가 자라지 못하고 새로운 뇌세포도 만들어지지 않는다. 하지만 스트레스가 너무 많으면 세포는 휴면을 택한다. 우리의 정서적·인지적 뇌는 독립된 기관이 아니라 말 그대로 중첩된 신경 분지를 통해 연결된 기관이다. 정서와 인지는 본래 상호작용 하도록 되어 있고 함께 진화했다. 이성과 감정 사이에 동적인 균형이 이루어질 때 우리는 최상의 상태를 유지한다.

이렇게 뇌 속에 서로 얽혀 있는 옛것과 새것의 숲인 정서와 인지를 이해하면, 살면서 자기 조절을 잘할 수 있게 된다. 모든 정서를 짓누르면 우리는 본능을 잃는다. 더 이상 빨리 반응하지도 깊이 느끼지도 못한다. 반면 감정을 날뛰게 놔두면 집중할 수 없고 이성적으로 생각하지 못한다. 대부분의 경우 자기 조절 능력을 높인다는 말은 이성의 뇌가 감정의 자아를 통제한다는 뜻이다. 원시적인 감정의 뇌는 예측을 잘하지 못하고 이성적으로 행동하지 않는다. 툭하면 경계의 날을 세우고 심지어 과도한 경각심을 보이기도 한다. 이런 경계심을 조정하는 능력은 스트레스 관리와 감정 조절에 필수적이다.

스트레스 요인은 이런 정서와 인지의 연결을 방해하고, 심지어 연결을 단절시켜 감정이 날뛰게 하기도 한다. 그러면 감정을 조절하는 데 더 많은 노력이 필요하게 된다. 이런 상황에서는 스트레스와 불안이 끊이지 않고, 집중력이 없어지며, 인지 보존 능력이 허비된다.

30분 동안 정맥을 봉합하며 나는 바늘을 한 번 찌를 때마다 한 손가락으로 실에 매듭을 지었고, 봉합 부위가 절대 풀어지지 않도록 한 땀을 꿰맬 때마다 네 번 매듭을 지었다. 빠르고 완벽하게 작업했지만 봉합 작업에 힘이 다 빠져버렸고, 본격적인 수술로 들어가는 활주로는 여전히 저 멀리에 있었다. 봉합 도중 엘레나에게 손실된 혈액을 보충할 수 있었다면 이 아이의 생명은 위태로울 일이 없을 것이다. 그러면 수술실에서 사망할 위험이 전혀 없어진다. 하지만 봉합을 성공적으로 마쳤더라도 도중에 수혈을 했느냐, 안 했느냐가 엘레나의 부모에게는 상당히 중요했다. 이들의 관점에서 수혈은 딸의 영혼이 걸려 있는 문제였기 때문이다. 여기에 대한 부담감은 점점 커졌고, 이제는 그 스트레스의 무게가 나를 짓누르고 있었다.

수술을 시작할 때 엘레나의 적혈구 수는 종양에서 방출하는 적혈구생성인자 덕분에 정상보다 높은 수준이었다. 정맥동합류에서 굵은 정맥 세 줄기가 합류하면서 혈액이 소실되고 있었지만, 혈액을 보충할 수 있다면 문제가 없을 정도로 그 속도가 빠르지는 않았다. 뇌에만 있는 정맥은 단순히 지지거나 클램프를 사용하는 작업으로는 혈액의 흐름을 막을 수 없는 곳이다. 외과 의사는 보통 뇌 이외의 정맥은 그다지 중시하지 않는다. 몸에서 사용된 피를 심장으로 돌려보낼 대체 경로는 아주 많기 때문이다. 하지만 뇌는 다르다. 뇌에서는 거의 모든 정맥이 생명 유지에 필수적이다.

마취과 의사에게 아드레날린 분비를 저지하는 약물을 그만 주입하라고 했지만, 엘레나의 혈압은 급격하게 내려가고 있었다. 심박수가 올라가지 않았다. 모니터로 봤을 때 엘레나의 몸은 '말라 있는' 상태, 즉 체액이 충분히 차 있지 않은 상태였다. 하지만 엘레나에게는 식염수 이상의 것, 혈액이 필요했다.

이제 불가피한 질문이 우리 의료진에게 닥쳐왔다. 딸의 생명을 살리려는 가족의 희망을 저버릴 것인가? 심장이 작동하려면 일정량의 혈액이 필요하다. 혈액 손실이 많아지면 심장이 떨기 시작하면서 치명적인 부정맥 상태에 들어간다. 이때 수혈을 바로 하지 않으면 환자는 사망한다. 만약 엘레나가 성인이고 미리 수혈을 받지 않겠다고 고집했다면 나는 그를 놓아주었을 것이다. 하지만 미성년자라면 다르다. 결정을 할 법적 권리는 엘레나의 부모에게 있었고, 만약 내가 이들의 바람을 따른다면 아이는 사망할 것이다. 나는 의료진에게 수혈을 심각하게 고려해야 하고 그것도 지금 당장 해야 한다고 말했다.

선임 간호사는 이 일에 끼고 싶지 않다는 의사를 밝혔다. 마취과 의사 역시 수혈에 반대했다. 그는 "아이 부모의 바람을 존중해야 한다"라고 말했다. 미칠 노릇이었다. 엘레나가 죽게 생겼는데 수술실 사람들은 뜻밖에 부모 편을 들었다. 엘레나와 그 부모를 그날 아침에 만나 겨우 몇 분 얘기를 나눈 게 전부인데. 이들은 그전에 엘레나와 부모가 수차례 병원을 방문했을 때 그 자리에 없었다. 수술 후 환자와 부모를 만나는 자리에도 없을 것이다.

당시 나는 캐리나 일로 여전히 괴로워하는 중이었고, 아직 아물지 않고 남아 있던 마음의 상처가 이 일로 다시 벌어지는 것 같았다. 그때의 감정과 기억이 어떻게 해야 하나 고민하는 내 사고를 물들였다. 어쩌면 마음 한쪽에서는 과거의 실수를 바로잡고 싶었을 것이다. 캐리나를 수술할 때 나는 본능적 목소리에 귀를 기울이기보다는 교과서적인 해결책을 선택했다. 스트레스가 심한 상황에서는 성공적인 영웅담이 나오지 않는다. 이 말은 때로는 자신의 믿음과 가치를 그대로 고수하는 게 진리라는 뜻이다.

나는 내 직감을 따르기로 했다. 내가 보기에, 나라는 사람이 진정으로 판단하기에, 엘레나에게는 수혈이 유일한 해결책이었다. 단, 이 경우 나는 엘레나 부모의 뜻을 무시하고 내 뜻을 앞세우는 셈이었다. 만약 캐리나 사건 이후 몰려왔던 수치와 후회가 내 생각을 물들이지 않았다면 과연 엘레나에게 수혈했을지는 잘 모르겠다. 이건 선뜻 말하기 어려운 문제다. 어쩌면 그 순간 나 자신도 구하고 싶어 그랬을지 모른다. 엘레나는 무사히 살겠지만, 나는 우선 나를 구하려고 엘레나를 살리려 했다.

무슨 일이든 그 결과가 중요하기 때문에 우리는 스트레스를 받는다. 나는 어떤 식으로든 징계를 받게 되어 있었다. 엘레나에게 수혈을 해서 부모의 확고한 종교적 방침을 거스르든, 수혈을 하지 않아 수술대 위에서 엘레나를 잃든, 나는 징계를 받는다. 아이러니하게도 엘레나의 목숨을 구하면 의사로서의 내 경력에 차질이 빚어진다. 교수와 대적했을 때처럼 내 자아를 지키면 내 생계가 위험해질 수도 있다. 엘레나의 부모 입장에서 자식을 수혈로 구한다는 것은 자식을 잃는 것이나 마찬가지다. 이들은 딸이 내세를 잃었다는 생각에 비탄에 잠길 게 분명하다.

수술을 같이 진행한 동료 의사가 현장을 지켜보는 가운데 나는 복도로 나가 Rh-O형 혈액 두 팩을 집어들었다. "괜찮아, 설마 혈액 두 팩 가져간다고 천국에서 쫓겨나겠어?" 나는 혼잣말로 스스로를 다독였다. 나는 혈액을 엘레나의 정맥주사관에 연결하고 혼자서 마치 외상 수술이라도 하는 것처럼 팩을 쥐어짰다. 다른 의료진은 아무도 압박을 받았다고 말할 수 없을 것이다. 팩을 쥐어짜면서 이 일의 부담은 전부 내 것이 되었다. 어쩌면 이기적인 행동일 수도 있지만, 나는 내 실수 때문에 아이가 죽고 나면 앞으로 어떻게 살아갈지를 감당할 수 없었다. 혈관이 복구되고 몇 시간이 지나 수술은 끝났고 엘레나의 종양은 제거되었다.

수술이 끝난 후 엘레나의 부모에게 찾아가니 이들의 얼굴에 긴장감이 역력했다. 나는 "수술 중 골치 아픈 문제가 발생했지만, 지금 엘레나는 괜찮고 의식을 회복하고 말도 하고 움직인다"고 말했다. 이렇게 첫 말문을 여니 나쁜 소식을 각오하고 있던 이들의 표정이 안도감으로 바뀌었다. 눈 주위 근육은 편하게 이완되었고 가슴이 편하게 내려앉으며 살았다는 한숨이 나왔고, 모든 긴장감이 사라졌다.

하지만 나에게는 아직 할 말이 남아 있었다. "혈액 두 팩을 수혈해야 했어요. 모두에게 수혈 가능한 Rh-O형으로 주었습니다"라는 말을 덧붙였다. 마치 이렇게 말하면 그들의 눈에 그 피가 덜 더럽게 비춰질 것처럼, 마치 창조주가 보아도 당신들 딸을 더럽혀지지 않았다는 의미인 것처럼. 엘레나의 부모는 안도하다가 모욕을 느꼈고 내가 범한 죄에 치를 떨었다. 이들은 분노했다.

엘레나의 부모가 보기에 앞으로 딸이 이어가야 할 운명은 죽음보다 못한 삶이었다. 물론 이들이 구두상·문서상으로 의사를 분명히 표시했지만, 나는 그래도 딸이 살아났다는 사실에 이들 부모가 안도감을 느끼리라고 생각했다. 나는 이들의 딸이 내가 보는 앞에서 수술대 위에서 죽어갈 것이냐, 아니면 부모의 종교 교리를 어기느냐의 선택에 직면했고 내가 앞으로 안고 살아갈 수 있는 유일한 선택을 했다. 수술 동의서에서는 '수술 중에 이루어지는 주치의의 판단'이 허용된다. 솔직히 외과 의사는 실수를 했을 때, 가령 환자에게 수술 중 자기 손으로 상해를 입히거나, 아니면 계획된 수술 절차대로 하지 않았을 때(우리는 이렇게 막상 열어보니 환자의 상태가 너무 안 좋아 즉시 다시 봉합하는 상황을 '열고 다시 덮었다peek and shriek'라고 조소적으로 표현한다), 이런 '수술 중 결정' 조항을 이용하여 실수를 모면했다. 하지만 엘레나에게 발생한 일은 이런 경우에 해당하지 않았다. 나는 수술 중 일어난 문제를 해결했고 종양을 제거했지만 엘레나의 가족을 영적인 위기로 내몰았다. 내가 내 생각을 우선시했다는 것을 엘레나의 부모도 알아챘을 것이다.

내가 내린 결정의 결과로 병원은 수술을 조사할 변호사와 사고 중재인(환자의 특정 요구에 맞춰 편의를 제공하는 의료 인력. 주로 간호사나 사회복지사가 맡는다—옮긴이), 환자 대변인을 선임했다. 엘레나 가족은 나를 관련 부처에 고발하겠다고 협박했다. 공개적으로 모욕을 받았지만 나는 그런 엄청난 스트레스 상황에서도, 만약 엘레나가 사망했다면 그 사실을 안고 살아갈 수 없다는 걸 알았다. 나는 이 수술을 마지막으로 여호와의 증인 신자 수술은 맡지 못했다. 이 종교계에서는 더 이상 나에게 환자를 의뢰하지 않았다. 수혈을 했다는 소문이 퍼진 것이다.

자신의 내면을 바라보는 시간

내가 여호와의 증인 환자 가족으로 인해 겪었던 것처럼 우리는 스트레스 상황에 직면할 때가 있다. 하지만 타인이 우리에게 가하는 스트레스 관계도 있다. 이보다 몇 년 전 내가 수술실에서 교수의 실수를 저지했을 때, 교수는 '환자의 생명에 위험을 가했다'는 이유로 나에게 근신 조치를 내리고 거의 징계 수준으로 나를 몰아붙였다. 그다음 화요일에 교수는 수술실에 복귀했다. 환자는 보통 주말이 되기 전에 퇴원하고, 그렇게 되면 의사가 토요일이나 일요일에 환자를 보러 병원에 나오지 않아도 되기 때문에 화요일은 수술을 하는 최적의 요일이었다. 교수는 수술실에서 같이 수술할 의사를 아무나 고를 수 있었다. 많은 직업에서 상사와 얼굴을 마주하며 소통하는 시간은 좋은 것으로 여겨진다. 하지만 그 교수는 마음에 들지 않는 사람은 누구나 해고할 수 있었고 실제로 해고했기 때문에, 이 교수와 함께하는 시간은 좋은 일이 아니었다. 교수와 일하는 시간은 우두머리에게 배울 수 있는, 모두가 탐내는 근사한 기회가 아니었다. 오히려 그의 집중 공격 대상이 되거나 그에게 책잡힐 위험이 있었다. 내가 애초에 신경외과에 들어올 수 있었던 것도 교수가 레지던트 한 명을 잘라 공석이 생겼기 때문이었다. 내가 그의 지도를 받는 7년 동안 교수는 레지던트 두 명을 더 잘랐다.

캐리나의 수술이 끝난 바로 그 화요일, 교수는 나에게 자기의 다음번 수술에 참여하라고 통보했다. 그리고 그게 시작이었다. 그때부터 교수는 계속 자기 수술에 나오라는 지시를 내렸다. 그는 계속해서 점점 더 까다로운 수술을 맡았다. 자기 혼자서는 감당이 안 되고, 다른 사람이나 좀 더 유능한 교수에게 맡겨야 할 수술을. 내가 전에는 한 번도 해본 적이 없는 수술을. 그리고 이런 수술이 환자에게 위험하다는 우려를 제기하면, 나는 해고된 후 몇 주가 지나 다시 채용되는 조치를 반복적으로 겪었다. 나는 이러는 교수의 화를 돋우지 않으려고 애썼다.

나는 이런 위협 속에서 과잉 경각 상태가 되어 그의 변덕을 견디며 HPA 독성에 절어 지냈다(HPA의 이상 작동에 따라 스트레스 호르몬이 많이 분비되었다는 의미―옮긴이). 어떨 때는 짜릿하기도 했지만 상당히 불안하기도 했다. 나는 주말이면 의대생 수련에 쓰이는 해부용 시체를 찾아 수술 연습을 하곤 했다. 어느 토요일, 시체의 시신경관과 시신경관지주optic strut에 구멍을 내는 연습을 하면서 이틀 후에 있을 수술 준비를 했던 기억이 난다. 사실 나는 의과전문대학원 시절에는 시체를 멀리했다. 당시 나는 포름알데히드 냄새가 싫었지만, 의과전문대학원 1년차 학생들은 시체 주위에 독수리처럼 모여들었다. 의과전문대학 시절에는 한 번도 만져본 적이 없는 시체가 이제는 나를 인도해주는 GPS가 되었고, 이틀 후 살아 있는 사람에게 적용해야 할 기술을 연습하는 기회를 마련해주었다.

교수와 함께 한 수술에서 내가 한 역할은 환자와 그 가족에게는 비밀이었다. 교수는 수술 전과 후에 환자와 가족을 만났고 자기 혼자 수술을 다 한 것처럼 연기했다. 나는 수술실로 가는 비상구 계단에 숨어 있곤 했다. 그리고 수술실에 들어가 수술을 한 다음 사라졌다. 수술실 간호사는 이런 나를 유령이라고 부르기 시작했다. 어려운 수술에서 주도적인 역할을 맡으면 외과 의사로서 실력을 쌓을 기회를 얻을 수 있지만, 부담을 받는 상황에서는 제대로 일을 할 수 없는 사람이라는 돌이킬 수 없는 결함이 노출되기도 한다. 나는 부담이 큰 상황에서 오히려 실력의 꽃을 피웠고 이런 경험으로 득도 보았지만, 이런 것을 전혀 모르는 환자에게는 부당한 상황이었다.

수술실에서 레지던트에게 이들이 현재 가진 기술을 끌어올려야 겨우 할 수 있을 수술을 맡기는 관행은 계속 유지되고 있다. 사실 이런 일은 우리 생각보다 훨씬 자주 일어난다. 레지던트들은 환자에게 명백한 상해를 입힌 적도 없고, M&M 회의에 모습을 비춘 적도 없었기 때문에 아무도 교수의 행각에 제동을 걸려고 개입하지 않았다. 우리 과에서는 이런 사실이 공공연한 비밀이 되었고, 이 교수가 재직하는 대학 윗선에서는 이 일을 알아차리지 못했다. 안타깝게도 내가 레지던트 과정을 마친 이듬해, 교수 혼자 수술을 진행하면서 너무 많은 상해 사고가 발생하는 바람에 대학은 교수의 수술 특권을 빼앗아버렸다. 내가 없는 상황에서 교수는 환자의 수술을 계속 도맡았지만, 실수했을 때 몰래 구해주는 해결사가 더 이상 없는 상황이었다. 나는 이런 관계와 경험에서 오는 극심한 스트레스와 엄청난 부담을 느꼈지만, 상당히 많은 것을 배우기도 했다.

3년 동안 교수와 이렇게 일하면서 받는 스트레스를 관리하려고 나는 마치 아침에 중환자의 상태를 점검하는 것처럼, 그날 가장 중요한 일을 점검하기 시작했다. 수술실로 향하기 전 아들의 건강, 가족에게 해줄 것 등 내 삶의 우선순위를 점검했다. 이런 인지적 거리두기cognitive distancing 덕분에 최악의 경우를 상상하는 것에서 벗어날 수 있었다. 인지적 거리두기는 내 능력 이상의 실력을 발휘해야 할 수술을 비밀리에 하려고 수술실로 향하는 동안에도 스트레스를 줄이고 걱정과 불안을 더는 데 효과를 발휘했다. 부담을 느끼는 상황에서 진정한 기술은 집중력을 높이는 것이 아니라 나를 산만하게 하는 요소를 줄이는 것이다.

가능성과 불확실성은 서로 손잡고 같이 가는 요소다. 이는 약간의 불안은 성공적인 인생의 필수 요소라는 말도 된다. 교수 때문에 겪은 시련 덕분에 나는 내가 품은 수술 능력에 대해 확신을 갖게 되었다. 도전적이거나 어려운 상황은 생리적인 반응을 유발한다. 단기적으로 이런 반응은 어려운 상황에 대처하도록 도와준다. 하지만 만성적 스트레스에 직면한다면 이런 반응은 몸과 뇌를 모두 손상시킨다. 몇 년간 나는 언제나 내 능력에 부치는 상황에 처해 있었다. 나는 이런 막막한 상황을 헤쳐 나가는 방법을 배웠다. 그래서 그렇게 했고, 여전히 생존자의 죄책감(전쟁, 자연재해, 사고 등에서 살아남은 사람들이 겪게 되는 고통과 자책감—옮긴이)을 느끼고 있다. 준비가 되기도 전에 막다른 골목에 끌려간 것은 정말 흔치 않은 인생 교훈이었다.

스트레스 없이 성장은 이루어질 수 없기에, 스트레스는 존재해야만 한다. 스트레스 관리 능력은 우리 내부의 신경생물학에 뿌리를 두고 있지만, 우리가 의식적으로 길러야 한다. 스트레스 상황에 처할 때마다 가장 먼저 해야 할 중요한 일은 자신의 관심을 내면으로 돌리는 시간을 갖는 것이다. 자신의 느낌을 표현할 어휘를 확장해보자. 자신의 마음속에 정서가 거처할 자리를 마련하자. 자신의 정서와 싸우고 논쟁하는 것도 때에 따라 필요하지만 정서를 해소하는 것도 중요하다. 자신의 정서를 꾸준히 관리하지 않으면 스트레스가 만성 상태에 이르러 아무런 계기나 사건이 없어도 제멋대로 날뛰고, 건강과 행복감이 바닥까지 떨어진다.

놀랍게도 스트레스 상황에서 생각과 정서의 균형을 잡으려고 노력하면 새로운 신경세포가 만들어져 이런 노력에 도움을 준다.

이렇게 만들어진 새로운 신경세포는 정서를 조절해서 평온을 다시 찾을 수 있도록 도와준다. 그래서 평소에 스트레스를 잘 관리하면 추후 발생할 스트레스를 쉽게 관리할 수 있고, 어쩌면 고전했을 수도 있는 상황에 잘 대처해 성장할 수 있다.

9

상실

비극에서 찾은 의미

2003년, 내가 의사 자격을 취득하고 정식 수련을 마친 지 고작 12개월이 지난 시기였다. 내 이름 옆에는 MD(의사)라는 직함이 붙었다. 나는 여전히 아는 게 없다는 느낌이 들었지만, 이제 의사 가운을 입었고 고참 외과 의사를 제외한 모든 사람이 내 말을 들어야 했다. 하지만 당시에는 지시나 처방을 많이 내리지 않았다. 외과 수련 첫 1년간은 수술을 경험할 기회가 거의 없다. 그래서 수련 기간 첫 1년은 쓸데없는 시간 낭비라는 생각이 들었다.

첫 1년은 내 한계를 배우는 시간이었다. 문제가 생겼을 때 혼자 해결해야 하는지, 명령 체계에 따라 보고해야 하는지 판단할 본능을 키웠다. 병원은 모두 명령 체계로 이루어진 조직이나 다름 없다. 간호사는 레지던트에게 연락하고, 레지던트는 교수에게 연락하고, 교수는 자기들의 전문 영역 밖에서 환자에게 문제가 생겼을 때 다른 전문의에게 연락한다. 첫 1년은 의사가 되기 위한 수련 기간이 아니라 멀티태스킹에 통달하기 위한 기간이었다.

나는 또 병원에서의 영역 다툼도 배우기 시작했다. 신체 기관의 전문의는 크게 둘로 나뉘는데 하나는 외과 전문의, 다른 하나는 내과 전문의다. 심장 외과 의사는 심장 전문의의 도움을 받고, 간 외과 의사는 간 전문의의 도움을 받으며, 신장 외과 의사는 신장 전문의의 도움을, 폐 외과 의사는 호흡기 전문의의 도움을 받는다. 이 의사들이 협진하는 경우도 종종 있다. 하지만 협력만큼이나 충돌도 자주 일어난다. 병원에는 불화나 갈등이 많다. 내과 의사와 외과 의사는 복합적 문제를 가진 환자에게 다음 단계에 어떤 조치를 취해야 하는지의 문제로 언쟁을 높이고, 종종 직업적인 의견 차이를 개인적 공격으로 받아들인다. 여러 서비스와 의견이 얽히고설키는 경우, 보통 영향력이 가장 막강했던 팀이 환자 치료에서 자율권을 가진다. 나는 이런 병원 내의 다양한 대립과 갈등의 뉘앙스를 파악하느라 여념이 없었지만, 그레그라는 이름의 한 이식 담당 외과 의사는 이런 다툼에 관여하지 않고 중립을 유지하는 듯 보였다.

"장기 기증자가 있으면 같이 갈래요?" 어느 날 그레그는 내게 이렇게 물었다. 대답할 필요가 없었다. 당시 그는 나를 잘 알고 있었기 때문이다. 2주 후, 그레그는 내게 병원에 가서 간 이식을 기다리는 환자의 대형 정맥에 미리 카테터를 삽입해 정맥주사 라인을 잡아놓으라는 전화를 했다. 드디어 이 환자에게 행운의 날이 왔다. 장기 기증자가 나온 것이다. 환자는 수술받기 전에 미리 이식 준비가 되어 있어야 한다. 때로 수술 준비는 되었지만 기증된 장기가 적합하지 않은 경우, 환자는 다시 기회를 기다려야 한다. 입원해 있는 환자는 가장 위중한 환자로, 병원에서 여러 달 하염없이 머물며 이식을 기다린다. 이런 환자보다 덜 위중한 다른 간 환자는 집에 머물며 이식할 때가 왔다는 전화를 기다린다.

수술 준비를 끝내자 그레그가 5층으로 올라와 이제 가자고 말했다. 장기는 뉴멕시코주 산타페에 있었고, 우리는 이륙을 서둘러야 했다. 아래에는 창문에 선팅을 한 검은색 세단이 대기하고 있었다. 우리는 뒷좌석에 탔다. 차는 공항에 도착하더니 터미널을 통과하지 않고 전용기가 대기하고 있는 활주로로 곧장 갔다. 꼭 갱단 같았지만, 이렇게 이륙을 서두르는 이유가 있었다. 장기는 적출된 후 아주 빠른 시간 안에 이식되어야 한다. 시간이 지나면서 부패하기 때문이다. 그래서 장기를 적출해서 돌아갈 때는 일반 민간 항공기를 탈 수 없다. 게다가 거의 1,200킬로미터나 되는 거리를 가는데 소형 프로펠러기를 탈 수도 없었다.

우리는 산타페에 도착해서 지역의 작은 병원으로 걸어갔다. 경비원이 우리를 엘리베이터로 중환자실까지 데려다주었다. 손끝의 청결을 유지하려고 엘리베이터 버튼을 손가락 관절로 눌렀더니 익숙한 이중문이 열렸다. 하지만 이후 펼쳐진 장면은 나에게 익숙하지 않았다. 우리가 들어가자 간호사가 우리에게 눈길을 주었다. 우리는 이 병원에서 이방인이자, 이들의 영역에 들어온 외국인이었고, 이들은 우리가 왜 이곳에 왔는지 알고 있었다. 분명이들 간호사 중 한 명이 몇 주간 이 청년의 죽음을 막으려고 할 수있는 조치를 다 했고, 정성스럽게 그를 돌봤을 것이다. 어쩌면 이청년의 가족과 함께 울기도 했을 것이다. 하지만 우리 외과 의사가 할 일은 달랐다. 우리의 예리한 의료 기술과 처치는 수술로만보여줄 수 있었다.

그레그와 내가 중환자실에 도착하니 남자 혼자 누워 있는 모습이 들어왔다. 그는 19세, 원칙적으로는 성인이었지만 앞으로벌어질 일을 감당하기에는 너무 어린 나이로 보였다. 미국에서는 법적으로 술을 마실 수 있는 나이도 아니었지만, 그의 몸은 이제 분해될 참이었다. 가족은 곁에 없었다. 마지막 작별 인사를 한후였다. 그는 여선히 인공호흡기를 달고 있었고 뇌사 상태였지만 몸은 살아 있었다. 그는 우리를 위해 생명을 유지하고 있었다.

나는 당시 27세로 이 청년보다 나이가 그렇게 많은 것도 아니었다. 청년의 심장은 중환자실의 다른 환자 심장처럼 뛰고 있었지만, 그들과 달리 그의 심장은 뇌에 혈액을 공급하고 있지 않았다. 뇌로 가는 혈관은 혈전으로 응고되어 막혀버려서 뇌에 피가 전혀 흐르지 않았고, 이건 아무도 부정할 수 없는 뇌사의 증거였다. 중환자실에는 죽음의 에너지가 흘렀다. 우린 마치 소중한 가족을 빼앗으러 남의 집에 걸어 들어가는 좀비 사단처럼, 그의 짧은 생을 끝내려고 쳐들어가는 중이었다.

진짜 죽음은 언제부터일까

정신과 전문의 엘리자베스 퀴블러로스^{Elizabeth Kubler-Ross}는 죽음과 임종 연구의 개척자다. 그는 애도가 5단계 과정, 즉 부정 – 분노 – 타협 – 우울 – 수용을 거친다고 설명했다. 이 청년의 가족은 애도하는 중이었다. 나는 이들이 퀴블러로스가 정의한 과정 중 어느 단계에 있을지 궁금했다. 이들이 분노와 관련된 좌절과 초조, 불안을 여전히 겪고 있을까? 아니면 타협 단계로 이동해서 수용할 방법을 찾으려고 고전하고 있을까? 아니면 이 모든 '단계'의 몰매를 동시에 얻어맞으면서 고통과 비통이 섞여 뭐가 뭔지 분간하지 못하는 건 아닐까? 마지막 저서에서 퀴블러로스는 좀 더 깊이 있고 정교한 관점을 택했다. "우리가 겪는 상실은 우리의 삶만큼 제각각이다."

비극적인 참사와 재해가 일어난 이후, 매체에서는 항상 슬픔을 정리하고 죽음을 받아들이자고 이야기한다. 마치 소중한 사람의 인생이 책꽂이에 꽂아둘 수 있는 책이라도 되는 것처럼. 아이를 잃은 부모는 세상에 쉽게 정리할 수 있는 일은 없다고 말할 것이다. 부모와 자녀는 가장 근본적인 생물학적 유대를 넘어 평생 엮인 기억의 거미줄로 연결되어 있다. 이런 거미줄은 죽음으로 끊어지지 않으며, 그 누구도 부모나 남겨진 사람에게 사랑하는 이의 애도를 끝내고 죽음을 받아들이라고 말하면 안 된다. 인생은 계속 변하지만 유대감은 변하지 않는다. 유대감은 뇌 속에서 물리적인 존재감을 점하며 지워지지 않는 기억을 남긴다. 애도하는 이들은 사랑하는 사람을 잃은 상실감이 트라우마라는 사실을 기억해야 한다. 다른 트라우마와 마찬가지로 이 트라우마 역시 힘겹더라도 직면하고 세상에서 제 기능을 할 수 있도록 다듬어야 한다.

암이 상당히 진행되었다는 통보를 받으면 암 환자는 달라진 현실을 받아들여야 한다. 머릿속으로 상상했던 앞으로의 인생이 사라질 거라는 사실을. 노년에 조용히 끝을 맺는 생 대신에 이들은 입원과 불확실성과 치료와 고통으로 잘려 나갈, 단축된 새 인생을 맞이한다. 놀랍게도 많은 환자가 암을 상실로 보지 않는다. 이들에게 뜻하지 않게 찾아온 삶의 마지막 장은 암에 걸리기 전에 꾸렸던 인생에 종지부를 찍는 진혼곡이 아니라, 암이라는 병에 걸렸어도 끝까지 존재감을 발휘하는 시간이다. 이들은 자신에게 가장 중요한 삶의 요소에 집중한다.

프루스트는 우리가 대재앙의 위협을 받으면 즉시 가장 중요한 우선순위를 먼저 챙긴다고 했다. 하지만 위협이 지나가면, "게으름이 절실함을 무력화시키는 평범한 일상의 중심으로 돌아가고 만다. 그러나 오늘의 삶을 사랑하려고 대재앙이 반드시 필요한 것은 아니다. 그저 우리가 유한한 존재라고, 그리고 죽음이 오늘밤에 찾아올지도 모른다고 생각하는 것만으로도 충분하다." 암 환자는 대재앙 속에서 살아가는 사람들이다. 암 환자는 내게 '수준 있는 삶의 질'을 누리는 것이 단순한 우선순위가 아니라 가장 중요한 우선순위임을 보여주었다.

침대를 중환자실에서 복도로 밀고 나오면서 나는 이 청년에게 가장 중요한 것이 무엇이었는지, 어떤 인생을 살았는지, 그나 그의 가족이 지금은 사라진 그의 미래에 어떤 계획을 세웠을지 전혀 알 수 없었다. 다른 병실에서 환자를 돌보던 간호사가 일을 멈추고 각 개인 병실로 이어지는 넓은 문으로 가까이 다가왔다. 어떤 간호사는 울고 있었다. 무슨 감정으로 눈물샘이 터졌는지 알 수 없었다. 안도? 반감? 아니면 이 두 감정이 분간할 수 없게 섞였을까? 복도를 지나가는데 간호사들은 우리가 마치 이 청년의 죽음을 공모라도 했다는 듯 곁눈질을 했다. 하긴 어떻게 보면 우리는 정말 공모자였다. 이들은 우리와 눈이 마주치는 것을 피했는데, 그 모습을 보니 이들이 우리가 그곳에 있는 것을 감사하게도, 역겹게도 느낀다는 생각이 들었다. 그런 눈길을 받아본 적은 그전에도 없었고, 그 이후에도 한 번도 없다.

우리는 마치 이 청년을 살리려고 노력하는 사람처럼 아직 체온이 남아 있는 환자를 낯선 복도를 지나 수술실로 끌고 갔다. 인공호흡기를 끼고 있던 뇌사자는 이제 수술대로 옮겨졌다. 수술대 뒤 테이블에는 다른 모든 수술에서와 마찬가지로 멸균된 수술 장비가 놓여 있었지만, 여타 수술과는 전혀 달랐다. 분위기가 달랐다. 의료진과 보조 인력은 조용했다. 우리는 한 생명을 우리 식으로 끝내려고 그곳에 있었다. 그의 사망은 다른 사람에게는 새로운 삶을 의미할 것이다. 이렇게 이론적으로 생각하니 마음이 조금 편해졌다.

그레그는 내게 청년의 목부터 허벅지까지 장기 적출 준비를 하라고 했다. 외과 의사는 보통 수술에 들어가기 전 준비 단계에서 환자 몸 중 절개할 부위와 그 주위 부분에 넉넉하게 오렌지색 소독약을 바른다. 이 청년의 몸에는 턱 아래부터 허벅지 중간까지 소독약이 발라졌다. "중간 부분에서 만납시다." 그레그는 이렇게 말했다. 그와 나는 환자 몸 양쪽에 서 있었다. 그레그는 환자의 사타구니부터 명치까지 절개하고, 나는 흉골상절흔이라는 쇄골 중간에 움푹 들어간 부분부터 절개할 예정이었다.

그 당시 나는 수술실 경험이 거의 없었다. 뭘 어떻게 해야 할지 알 수가 없었다. 그레그가 내 대신 내가 쓸 도구를 간호사에게 요청해야 했다. 첫 절개가 끝난 후 그는 흉골을 절단할 톱을 달라고 했다. 간호사는 거대한 재봉틀 같은 발판과, 전동 공구 같은 손잡이가 있는 회색 금속 톱을 내게 건네주었다. 그레그는 내게 목을 먼저 절개한 다음, 흉곽 바로 아래에 톱의 발판을 걸어 마치 이 젊은이를 침대에서 들어올리는 것처럼 흉곽 전체를 쭉 들어올리라고 알려주었다. 내 심장은 흉곽 안에서 막 모습을 드러내는 심장보다 두 배 더 빨리 뛰었다. 나는 그레그가 하라는 대로 했다. 그 전에 흉부를 여는 수술은 한 번도 본 적이 없었다.

심낭이라는 약간 투명한 베이지색 주머니 바로 아래에 있는 심장은 우리에 갇힌 원숭이 같았고, 구속복을 입은 댄서처럼 움직임에 제한이 있었지만 강한 에너지를 발산하며 규칙적으로 뛰고 있었다. 심장은 뛰는 것이 아니라 마치 수건을 짜듯 몸부림치며 에너지를 분출하면서 튀어나올 듯했다. 그 강렬하고 힘찬 움직임 때문에 심장은 무엇보다 눈에 먼저 띄었다. 왜 인류가 몇천 년간 심장을 영혼의 안식처로 여겼는지 알 수 있었다. 잠시 나는 황홀경에 빠졌다.

나는 이런 경탄과 경외심을 떨쳐버리고 해야 하는 일에 집중하려고 노력했다. 심장을 꺼내려면 심장 주위를 둘러싼 두꺼운 막인 심장의 망토, 즉 심낭을 공략해야 했다. 심장이 주먹처럼 쥐어짜듯 수축할 때 심낭에서 잠시 떨어지는 순간이 있는데, 바로 그때 미세하게 심장 피부가 헐거워진다. 심낭을 잡아야 할 시점은 바로 이때였다. 나는 순간 내가 지휘자 같다는 생각이 들었지만 이내 지휘하는 건 내가 아니라 심장이라는 사실을 깨달았다. 나는 그저 심장 박동을 따라가려고 노력하는 중이었고, 그 움직임에 매료되고 있었다. 나는 오른손으로 메스를 집어들었다. 이 청년의 가족 생각이 나기 시작했다. 아들이자 동생이자 손자였던 그가 이 세상에 존재하던 마지막 순간에 가족은 어떤 기대를 품었을까?

나는 청년의 펼쳐진 가슴 위에서 손바닥을 아래로 한 채 수술 도구를 가볍게 들고 있었다. 나는 수술실에 있는 다른 의료진과 물 흐르듯이 조화를 이루며 움직였고, 본격적으로 행동을 단행하기로 했다. 왼손에 쥔 핀셋으로 심낭을 가볍게 잡아당기고 오른손에 쥔 메스로 작은 구멍을 냈다. 그리고 날이 좁은 이 메스를 간호사에게 건네준 다음 손바닥이 하늘을 보게 오른쪽 중지를 구멍 안으로 밀어넣었다. 수술 장갑을 낀 손톱이 심장의 근육질 뒤쪽에 닿은 상태에서 가운뎃손가락으로 심낭을 심장에서 들어올렸다. 심낭 안에 내 손가락이 보였다. 이제는 왼손을 이용해 전기 나이프인 보비를 집어들었다. 나이프의 전류를 방출했더니 심장을 둘러싼 심낭이 펼쳐졌다. 이제는 심장의 전체 모습이 눈에 들어왔다. 마치 수영 선수의 아름다운 어깨 같은 근육질의 등이 박음질이 잘 된 재킷을 찢고 나온 것처럼 보였다.

하지만 내가 이 자리에 있는 이유는 심장을 적출하기 위해서가 아니었다. 물론 나는 이 일에 전념하는 중이었지만 이 심장이 소중했다면 나 같은 미숙한 손에 맡겨지지는 않았을 터. 수술대에 누워 있는 이 청년에게는 심장 질환이 있었고, 이 필수 장기는 손상되어 이식할 수 없는 상태였다. 내가 이 자리에 있었던 이유는 그의 심실을 절개하기 위해서였고, 그것도 그레그가 지시를 내려야만 가능한 일이었다. 심실 절개는 적출과 동시에 이루어져야 했다. 장기는 마지막 순간까지 혈액을 필요로 한다. 그레그의 고갯짓에 나는 임무를 완성했다. 굴곡진 가위를 심장 주위에 대고 가위질을 했다. 가윗날이 닫히면서 근육이 분리되는 게 느껴졌다. 그 순간의 질감과 움직임은 결코 잊을 수 없다.

몇 분간 심장은 계속 뛰었다. 보통 심장에서 나오는 혈액은 저항을 만난다. 그래서 혈압을 잴 수 있는 것이다. 이 젊은이의 심장은 이제 찢어진 벽을 통해 밖으로 혈액을 짜내고 있었고, 혈액은 마치 물처럼 열린 댐에서 흉곽으로 흘러갔다. 그레그는 흉부 안에 흡입 튜브를 내려놓고 자기를 도와달라고 부탁했다. 나는 흉부에서 복부로 옮겨갔지만, 곁눈질로 죽기 전 몸부림치는 심장의 사투를 보지 않을 수 없었다. 이 젊은 청년의 뇌는 죽었지만 심장은 뇌에 의지할 수 없는 상황에서도 자동으로 발화하는 신경의 명령을 따라 움직였다.

생명의 피가 다 빠져나가 없는데도 심장은 여전히 그 몸을 쥐어짰다. 심실이 텅 비어 약간 내려앉으니, 심장이 마치 납작해진 수플레(거품을 낸 계란흰자를 이용하여 크게 부풀린 과자 또는 요리—옮긴이)처럼 보였다. 이제 심장은 더 이상 리드미컬하게 규칙적으로 움직이지 않았다. 몇 분이 지났을까. 피 흐름이 느려져 한 방울씩 똑똑 떨어지자 그레그는 장기를 적출하려고 바삐 움직였다.

심장은 여전히 펄떡였지만 나는 흉부를 닫아야 했다. 수술용 펜치를 써서 유연한 철사 봉합선을 끼운 굵은 곡침으로 봉합을 했다. 숨 쉬고 있는 사람을 안에 두고 관을 닫는 느낌이 들었지만 심장이 정지하기를 기다릴 수 없었다. 젊은 청년의 장기는 이제 얼음 위에 놓였고 전용기가 대기하는 중이었다. 나는 가능한 정확하고 빠르게 움직여 흉골을 닫는 데 걸리는 시간을 단축했다. 그래도 가족이 관 뚜껑을 열어놓기 원할 경우를 대비해 최대한 깔끔하게 봉합했다.

이 젊은 청년의 '사망 시간'은 공식적으로 내가 심장을 절개했던 몇 분 전으로 기록되었지만, 지금 닫은 흉골 안에서 심장은 보이지도 않고 아무 인정도 받지 못한 채 여전히 몇 번의 떨림을 계속할 것이다. 그렇다면 진짜 사망 시간은 언제일까? 심장이 절개되었을 때? 움직임이 완전히 정지되었을 때? 마지막으로 그가 의식을 잃었을 때? 아니면 그의 가족이 마지막 면회를 했을 때? 삶에는 단계적인 변화가 있지만, 이와는 달리 죽음은 이에 걸맞은 대우와 이해를 받지 못한다.

우리는 얼음과 하나씩 멸균된 비닐에 밀봉한 장기로 꽉 채워진

붉은색과 흰색이 섞인 아이스박스를 들고 전세기에 올라 병원으로 돌아왔다. 나는 좌석에 앉았고 아이스박스는 좌석 아래 공간에 내려놓았다. 비행 내내 아이스박스가 점점 차가워졌고, 플라스틱 면에 닿아 종아리가 시렸다. 온전하지만 주인이 없는 장기는 이제 각자 짧은 생을 살면서 정착할 땅을 찾거나 그냥 이 땅에서 사라지길 기다리는 중이었다. 그레그는 잠이 들었다. 이런 여행을 많이 했던 베테랑으로서 그는 이식 수술을 앞두고, 또 이식된 장기로 다시 살아날 환자를 위해 휴식을 취하는 중이었다. 나는 방금 벌어진 일을 되새기느라 깨어 있었다.

샌디에이고의 병원으로 돌아온 우리는 이후 36시간에 걸쳐 두 개의 신장과 췌장, 간을 이식했고, 그 이틀에 걸쳐 네 명의 환자를 연이어 수술했다. 나는 매우 지쳤지만 안심이 되었다. 이들 모든 환자에게 새 장기는 모두 성공적으로 이식되었다.

몇 달 후 나는 신경외과에 채용되었고, 그레그는 이식팀을 떠나기로 한 내 결정에 어떠한 반감도 갖지 않았다. 나는 이식팀은 영원히 떠났지만, 몇 달 뒤 산타페에서 한 경험을 계기로 다른 방식으로 이 일에 다시 참여하게 되었다.

'식물인간'이 된 10대 환자

처음 신경외과에서 일할 때는 모든 비수술 업무가 내 차지였다. 이 말은 곧 아직 당장은 수술이 필요하지 않은 환자, 수술 후 회복하는 환자, 의료 기계의 도움을 받고 있는 외상 환자, 신경외과 중환자실의 뇌사 직전에 있는 환자를 돌본다는 말이었다. 당시 나는 겨우 27세였고 신경외과 의사 행세만 하는 처지였다.

선배 전공의들은 수술을 배우는 중이었지만 나는 중환자실에서 시간을 보냈다. 중환자실은 가장 까다로운 의료 처치가 이루어지는 곳으로, 대부분의 신참 신경외과 레지던트는 이곳으로 보내져 가장 극단적인 사례를 처리하는 법을 배운다. 그곳에서는 자기 몫을 제대로 해내야 한다. 우리는 이런 아픈 환자를 맡으면서 자신감도 많이 얻었다. 다른 과라면 고참 레지던트가 맡겠지만, 신경외과에서는 우리 같은 신참 레지던트가 맡는다. 나는 이때 모든 외과 의사는 의사라고 불릴 수 있지만, 의사라고 모두 외과 의사가 될 수 없다는 사실을 깨달았다.

환자 가족에게 상태를 알릴 때 동시에 같이 나서면 안 되는 팀이 병원에 두 곳 있다. 바로 신경외과와 장기 이식팀이다. 신경외과 의사는 환자의 뇌사를 선언하고 이식 외과 의사는 그 장기를 적출한다. 이들의 이해관계는 상충한다. 한 팀은 생명의 불이 간신히 깜박일 때도 환자를 살리려고 노력하는 반면, 다른 팀은 환자의 뇌사 선언을 기다린다. 이식 외과 의사는 장기 기증자의 가족과 면담할 때 시간을 두고 대기해야 한다. 모든 장기를 적출할 경우 다른 생명을 최대 일곱 명 몫까지 살릴 수 있다. 이런 규정이 없으면 이들이 환자를 놓아주려 할 수도 있다. '뇌사'를 선언하는 신경외과 의사는 환자 가족에게 장기 이식을 언급해서는 안 되고, 장기 이식 의사는 가족이 스스로 장기 기증 의사를 밝힐 때까지는 환자 가족에게 접근할 수 없다. 나는 이 규정을 어긴 후에야 비로소 왜 이 규정이 생겼는지 이해하게 되었다.

신경외과로 옮긴 지 겨우 몇 주가 지난 후, 나는 응급실 호출을 받았다. 응급실에 도착하니 환자의 홀어머니와 약혼녀가 환자 곁을 지키고 있었다. 에드워드라는 이름의 이 환자는 10대 후반이었다. 그의 좌뇌 안쪽 깊은 기저핵에서 다량 출혈이 발생했는데, 도대체 어떻게 이런 일이 벌어졌는지, 앞으로 어떻게 될지 나는 전혀 알 길이 없었다. 몇 가지 처치를 빨리 실행해야했다. 그에게 인공호흡기를 씌운 다음 카테터를 삽입해 두개골 안에 고인 체액을 빼내서 뇌압이 위험할 정도로 올라가는 것을 막아야 했다.

영상 검사로 살펴보니 에드워드에게는 동정맥기형이 있었다.

혈관과 동맥, 정맥이 이상하게 공처럼 뭉쳐 있는 데다 그 굵기는 정상보다 더 얇은 상태였다. 동정맥기형은 희귀한 질환이고 원인도 불분명하며 동정맥이 아무 때나 파열할 수 있다. 에드워드의 동정맥은 파열된 상태였다. 파열된 동정맥으로 혈액이 급류마냥 세차게 흘렀다. 그의 어머니와 약혼녀는 충격에 휩싸였다. 당시 나는 에드워드와 나이 차이도 많이 나지 않았고 아빠가 된 지 얼마 안 된 시기였다. 에드워드의 상태는 인정하고 싶지 않을 정도로 갑작스럽게 악화되어 내게 충격을 주었다.

중환자실에서 오랫동안 그를 돌보면서 희망은 점점 사라져갔다. 나는 중환자실에 오래 머물렀다. 그의 어머니는 거의 하루 종일 그곳을 지켰다. 겉으로 보이는 친절과 강인함에 가려 어머니의 슬픔은 보이지 않았다. 그의 약혼녀도 역시 중환자실을 지켰다. 나는 레지던트여서 많은 곳에서 호출을 받았지만 다른 환자보다 에드워드에게 신경을 더 많이 썼다.

3주가 지났지만 에드워드는 깨어나지 않았다. 가족이 보기에는 그의 상태가 좋아지지도 나빠지지도 않은 듯했다. 그저 '호흡기를 끼고 잠자는 것'처럼 보였을 거다. 하지만 실상은 훨씬 나빠진 상태였다. 얼굴로 나가는 신경을 관장하는 뇌의 부분이 죽기 시작했다. 어떤 신경은 뇌 속 깊은 곳에 있는 시신경 조직에서 안구로 뻗어 나가, 안구를 움직이게 할 뿐 아니라 동공을 조절한다. '파충류의 뇌'인 뇌간 역시 목으로 신경을 보내 기침과 구역 반사를 조절한다. 이들 얼굴 신경 기능의 변화를 보면 뇌에서 무슨 일이 벌어지고 있는지 알 수 있다.

에드워드의 동공은 최대치로 풀어져 확장되어 있었다. 동공 위에 손전등을 비추어도 동공이 반사적으로 닫히지 않았다. 밝은 빛의 노출을 줄이려면 반드시 나와야 하는 반응인데도 말이다. 반응하지 않은 동공을 '굳었다'고 말한다. 에드워드의 동공은 '굳고 확장된' 상태였다. 불길했다. 그의 머리를 왼쪽, 오른쪽으로 살살 흔들어도 그의 안구는 시선을 위쪽으로 유지하려고 반사적으로 회전하지 않았다. 이런 반사 작용을 '인형 눈' 반사라고 부르는데, 에드워드의 눈은 안와에 박혀 꼼짝하지 않았다. 이는 뇌사 부위가 늘었다는 의미다. 다른 검사를 해보니 동정맥기형으로 에드워드의 뇌가 치명적 손상을 입은 게 드러났다.

그의 뇌는 죽어갔지만 가장 기본적인 본능은 유지되었다. 목에 긴 면봉을 넣었더니 에드워드는 구역질을 했다. 간호사에게 호흡관으로 그의 폐를 빨아올려 달라고 부탁하니 에드워드는 기침도 했다. 그의 어머니는 이게 좋은 신호라고 생각했지만 내가 알기로 그는 연옥에 갇힌 상태였다. 여전히 기침을 하고 구역 반사를 해도, 그의 동공은 굳고 확장된 상태였다. 회복할 가망이 전혀 없는 반쯤 죽은 상태. 그의 뇌 중 인지와 정서를 담당하는 부위는 죽었지만 뇌간은 살아 있었다. 나는 에드워드의 추락을 막고 싶었지만 이제 의미 있는 조치는 전혀 남아 있지 않았다. 그와 그의 어머니 그리고 약혼녀에게 어느 정도 위안을 준, 내가 심은 카테터가 그의 마지막 가는 길을 막아주고 있었을 뿐이다.

나는 에드워드가 듣지도 이해하지도 못하고 심지어 감각도 못 느낀다는 걸 알았지만 처치를 하기 전에는, "안녕하세요, 에드워드. 저는 잔디얼입니다. 지금부터 얼굴에서 몇 가지 확인 좀 할게요"라고 먼저 말을 꺼낸 다음 도구를 넣어 살살 찔러넣어 기침이나 구역 반사를 확인했다. 뇌의 어느 부분에서 조직 손상이 발생했는지에 따라 환자의 소생 여부가 결정된다. 특정 부위에 손상이 발생하면 환자는 절대 회복할 수 없다. 에드워드는 바로 그런 손상을 입었고, 나는 그가 서서히 사망하는 모습을 지켜보는 중이었다.

그의 어머니는 내가 하는 검사가 무엇을 의미하는지 몰랐다. 이 어머니가 보기에는 간호사가 아들의 혈압을 재거나 영양보급관을 확인하는 것과 내가 하는 검사가 전혀 다를 게 없었다. 에드워드는 기껏해야 '식물인간 상태'로 살아갈 것이다. 우리에게 익숙한 이런 단어가 얼마나 저속한가. 가망 없는 사람에게 인간성까지 박탈하니 말이다. 에드워드의 목숨을 유지하는 유일한 도구는 그의 뇌에 꽂아놓은 카테터였다. 운명이 결정될 때까지 그에게 살아날 기회를 주려고 꽂아놓았지만, 이제 에드워드의 암울한 미래가 확실해졌으니 장치를 계속 두는 데 의미가 없었다.

또 다른 생명의 시작

나는 일전의 장기 이식 경험을 떠올리면서 이 가족의 슬픔은 의미와 목적이라는 두 가지 요소가 있어야만 누그러질 수 있을 거라는 생각이 들었다. 의미 없는 비극에 대한 의미와 단축되어버린 삶의 목적. 이 의미와 목적은 살면서 난데없이 비극적 사건을 맞이하고 몇 년 후, 아니 몇십 년 후에 반드시 고개를 드는 수많은 의문 속에서 그의 어머니와 약혼녀가 마음을 추스를 수 있도록 도와줄 것이다. 에드워드의 죽음은 다른 사람에게 생명을 줄 수 있었다. 그의 어머니는 장기 기증에 관해서는 아무것도 몰랐고, 내가 이분에게 장기 기증 정보를 제공하는 건 금지 사항이었다. 에드워드는 아직 뇌사 상태가 아니었기 때문에 이식팀 외과 의사는 그의 장기를 다른 환자에게 이식하는 얘기를 에드워드의 어머니에게 꺼낼 수 없었다. 나는 이런 규정을 알고 있었다. 또한 그의 뇌가 심하게 손상되어 의미 있는 수준으로 회복될 수 없다는 것도 알고 있었다.

나는 조심스럽게 에드워드의 어머니에게 아들에 관한 정보를 다 말씀드렸다. 아들의 소식을 체계적으로 진정성을 담아 전했다. 좋은 소식이든 나쁜 소식이든 진실만을 담아서. 에드워드의 죽음은 카테터 시술과 그의 호흡을 도와주는 인공호흡기로 일시적으로 지연된 것뿐이라고. 우리는 이런 식으로 소통했다.

여기서, 병원에서는 이식팀 외과 의사와 뇌 전문 외과 의사가 이런 경우에 서로 얘기하는 것을 금지한다는 점을 다시 기억해야 한다. 두 팀은 연관성이 있지만 생명을 구하는 길이 서로 다르고, 따라서 협업은 전혀 없다. 나는 나에게 있는 선택지를 알아보려고 병원 윤리 위원회 사람들과 만났다. 병원 윤리 위원회는 극단의 상황에 처해 있는 이들의 고통을 거의 모르는 행정 담당자들로 구성되어 있었다. 그리고 나는 이 만남에서 환자 가족이 의료진에게 환자에게 치명적 약물을 주입해달라는 요청은 할 수 없지만, 치료를 중단해달라는 요청은 할 수 있다는 것을 알았다. 두 가지 요청 모두 같은 결과를 낳을 수 있다.

장기 이식 수술에 참여했던 경험은 나에게 깊은 영향을 주었다. 나는 에드워드의 어머니에게 비극에 관해, 다른 사람의 삶에서 얻은 교훈과 여기에 동반되는 의미를 얘기해드렸다. 나는 병원과 내 업계에서 금지하는 행위를 했다. 만약 뇌 카테터를 빼달라고 요청하면, 아들의 '파충류의 뇌'에 남아 있는 마지막 생명의 불꽃이 뇌척수액이 배출되지 않아 생긴 뇌압에 사라질 거라고 전했다. 카테터를 제거하는 것은 실질적으로 아들을 떠나보내는 것이다. 이건 안락사는 아니었다. 치명적인 약물을 주입하는 것이 아니라 에드워드의 뇌사를 막아주는 이물질 하나를 제거하는 것이기 때문이다. 인공호흡기와 정맥주사는 여전히 그의 신체적 생명을 유지할 것이다. 나는 그의 어머니에게 카테터를 제거하면 아들이 일곱 명의 생명을 구할 수 있다고 알려주었다.

이 과정이 끝나면 이 어머니는 자식을 잃는다는 가혹한 운명에서 조금이나마 의미를 찾을 수 있을지도 모른다. 어쩌면 에드워드의 어머니와 약혼녀는 일상생활을 억누르는 병적인 슬픔, 만성적이고 지속적이고 아무것도 할 수 없을 것 같은 슬픔을 피하게 될지도 모른다. 어머니의 찢어지는 상실감은 장기 이식이라는 연금술을 통해 생명의 기로에 있는 다른 환자의 새로운 삶으로 전환될 수 있다. 일부 암 환자들이 조기 단계 임상 실험에 참여하고 싶어 하는 것도 비극적인 상황에서 의미를 찾기 위해서다. 자신의 운명은 끝이 나더라도 의학 발전에 이바지해서 다른 사람을 돕고 싶은 것이다. 그래서 제인 같은 암 환자들은 사후 신속한 부검을 위해 본인의 시신을 기증한다.

퀴블러로스와 공동 연구를 진행한 데이비드 케슬러David Kessler는 애도에 여섯 번째 단계, 즉 의미가 있어야 한다고 말했다. 케슬러는 아들이 21세의 나이에 우발적인 약물 과용으로 사망하면서 큰 충격을 받고 슬픔에 관해서 전문가가 되었다. 그는 비극에서 의미를 찾아야만 슬픔이 좀 더 평화로워지고 심지어 희망찬 것으로 바뀔 수 있다고 믿는다. 상실도 마찬가지다. 트라우마, 비극 등 가슴 아픈 일에서 의미를 찾아야 앞으로 나아갈 수 있다. 이런 의미는 많은 곳에서 찾을 수 있다.

자신의 서사를 이끌어가는 창조자로서 우리는 '나는 누구인가?'라는 질문에 최종으로 답할 발언권이 있다. 어떤 사람은 유서로 인생의 마지막을 마무리하고, 가장 중요시하는 대의에 자산을 기증하면서 사후 이 질문에 답한다. 제인은 자신의 뇌종양을 연구에 기증했다. 제인은 암에게 정복당했지만 그 서사는 계속되고 그의 세포는 번식해서 과학적 발견과 미래 의학을 이끈다. 제인은 유산을 남긴 것이다.

에드워드의 어머니는 뇌 카테터를 빼달라고 요청했다. 아들이 나뭇가지 하나에 의지해서 벼랑 끝에 매달려 있는데, 그 가지를 잘라서 벼랑 밑으로 떨어뜨려달라고 부탁한 것이다. 나는 병원의 규칙을 어기고 장기 기증에 관한 절차와 정보를 안내했다. 지금도 그때 일을 생각하면 힘들었던 기억에 속이 울렁거릴 정도다. 그런데 에드워드의 어머니는 이제까지 들어본 적이 없는 뜻밖의 요청을 한 가지 했다. 에드워드는 외아들이었고 그가 죽으면 집안의 대가 끊기는 상황이었다. 어머니는 손자를 가질 기회를 얻고 싶어 했다. 그래서 나는 인공수정을 통해 그의 약혼녀가 에드워드의 아이를 가질 수도 있다는 희망에서, 어머니의 장기 기증 동의를 받아 고환을 협상할 수 없는 부위로 정하고 비뇨기과 레지던트를 도와 그의 고환을 떼어내기로 했다. 그 후 이들이 계획대로 진행했는지는 모르겠지만, 나는 비극적인 상황에서 이들에게 희망과 가능성을 주려고 노력했다는 점에서 안도감을 느꼈다.

고환을 적출해서 수술실에서 나오다가 다른 수술실 밖에서 손을 씻는 그레그를 우연히 마주치게 되었다. 우리는 서로를 보고 잠시 멈추었지만 아무 말도 하지 않았고, 그 후에도 이에 관해 한마디도 하지 않았다. 전에 뉴멕시코에서 내가 들었던 아이스박스에는 생명을 살릴 대체 장기가 들어 있었다. 이 아이스박스에는 생명을 창조할 잠재력이 담겼다.

　에드워드의 장례식은 작은 해변 마을에서 열렸다. 그의 약혼녀와 어머니는 나를 초대했고 어머니는 장례식 동안 '잔디얼 선생님'에게 감사를 표했다. 겨우 40대인 에드워드의 어머니는 나를 '선생님'이라고 부르며 신경외과 의사 대우를 해주었다. 그러나 나는 선생님이라는 호칭이 꼭 훔친 훈장 같다고 느꼈다. 나는 그의 아들을 살려내지 못했는데, 여기 그의 어머니는 아들의 장례식장에서 나에게 감사를 표한다. 마치 비행기 추락사고에서 아들은 목숨을 잃고 나만 마지막 순간에 낙하산을 펴서 비상 착륙한 기장 같은 느낌이 들었다. 하지만 최선을 다한 행위에 관해 나는 유족에게 감사의 인사를 받았다. 당시에는 내 감정을 어떻게 주체해야 할지 몰랐다. 그 경험 이후 나는 어디에서도 마음이 편하지 않았고 어디를 가나 떠돌이 같은 느낌이 들었다.

　이런 이야기는 병원 사람 누구에게도 흘리지 않았다. 유일하게 마음이 편했던 순간은 중환자실 병동에서 에드워드의 어머니와 밤늦게까지 중요하고 의미 있는 대화를 나눴던 시간이었다. 이때 나는 의사도 외과 의사도 아니었다. 나는 그냥 나였다.

　나는 에드워드가 뇌사 상태로 갈 길을 열면서 그의 어머니에게 미칠 것 같은 괴로움에서, 난데없이 일어난 비극에서 의미를 찾을 기회를 주려고 노력했다. 이건 환자와 그의 곁에 있던 소중한 이들을 위해 한 일이지, 의학이나 수술이나 윤리 위원회나 병원에 대한 충성심에서 한 일이 아니었다. 나는 에드워드의 어머니가 그나마 마음의 평화를 찾을 수 있도록 뇌사를 결정하면 장기 기증을 할 수 있다고 살짝 귀띔해주었고, 덕분에 에드워드의 왼쪽 뇌는 온전하게 살아남아 다른 환자에게 이식할 수 있었다. 단순한 외과 의사 이상의 일을 했다는 생각에 뿌듯했다. 나는 죽음에서 의미를 찾을 수 있고 상실감에 괴로워하는 이들에게 다른 종류의 치유를 제공할 수 있는 사람이었다.

상실과 삶은 떼려야 뗄 수 없는 관계다. 상실로 인해 심히 절망하고 가슴 깊이 고통을 느끼는 이유는 바로 상실과 삶이 맺은 깊은 유대감과 애착 때문이다. 상실을 경험하지 않고 산다는 것은 불가능하다. 지금까지 나는 환자와 이들 곁을 지키던 소중한 사람들의 삶에 상실이 파고드는 것을 목격했지만, 그럴 때마다 가장 날것의, 그러면서도 가장 견고한 인간애를 발견했다.

슬픔을 온전히 받아들이면 잃어버린 것을 다시 떠올릴 수 있는 문이 열린다. 이해할 수 없는 상황을 이해하려면, 이 땅에서 살았던 삶에서 의미를 찾을 수 있어야 한다. 상실은 어쩔 수 없는 현실이지만, 상실이 주는 슬픔의 무게는 감당할 수 있다.

10

삶

환자들이 가르쳐준 인생의 태도

감금증후군은 의학적 질환이라기보다 참수당한 후와 비슷한 상태다. 단두대가 목이 아닌 입으로 떨어져 턱관절과 뇌관을 관통한 상태. 이성과 감정의 뇌는 아무 다친 데 없이, 고요한 바다에 홀로 떠 있는 섬처럼 고립된다. 눈 아래 모든 수의근이 마비되어, 환자에게는 앞을 보고 눈꺼풀을 깜박거리는 기능만 남는다. 그 외에는 아무것도 할 수 없다.

감금증후군 환자는 중환자실에서 제공하는 모든 처치를 받아야 한다. 혈액에 독한 약을 투입하고, 목을 뚫고 넣은 호스를 통해 폐 안에 공기를 넣고 빼내는 기계의 도움을 받아야 하며, 배에 뚫은 구멍으로 관을 연결해 영양액을 공급받아야 한다. 필요하지 않은 것이 단 한 가지 있다면 그건 인공 눈물이다. 눈물샘에서 여전히 눈물을 만들어낼 수 있기 때문이다.

감금증후군의 치료 방법은 없다. 두개골은 환자의 성역임과 동시에 감옥이 되며, 마지막 피난처로 남는다. 환자에게 언어 자극을 주거나 심지어 고통을 가해도 뚜렷한 반응이 전혀 나타나지 않기 때문에, 오래전에는 감금증후군 환자가 혼수상태에 있다고 생각했다. 이들은 바늘로 찔러도 반응하지 않는다. 가슴을 메스로 갈라도 편안하게 누워 있다. 겉으로는 감각이 전혀 없는 것처럼 보인다. 이들의 감정을 알 수 있는 방법은 눈물밖에 없지만, 눈물도 반사적으로 나올 수 있다. 감정에 의한 눈물은 그 구성 성분이 다르다. 감금증후군은 뇌간경색·다발성경화증 같은 질병 또는 드물기는 하지만 수술 합병증으로도 발생할 수 있다. 이 환자의 경우는 내가 집도한 수술이 원인이었다.

이 환자는 두개원개의 기저부에서 수막종이 서서히 자라고 있었다. 조직 덩어리는 양성이었지만, 그렇다고 위험하지 않은 것은 아니었다. 두개골에 둘러싸인 이 조직은 벽돌 담장에 막혀 서서히 기어가듯 자라는 식물처럼 성장했다. 위아래로 자라면서 두개골에서 완전히 탈출하겠다는 듯 발악하며 대후두공이라 불리는 두개골 바닥의 계란 모양 출구를 뚫고 나갈 태세였다. 탈출하기 전, 수막종은 가장 저항이 덜한 부드러운 뇌간 조직으로 침범해 이 부분에 변형을 일으켰다.

뇌간은 큰 버섯의 기둥처럼 뇌 반구 바로 아래에 있고, 버섯갓에 해당하는 뇌 반구는 구불구불한 이랑으로 이루어져 있다. 뇌간은 뇌와 몸 사이의 신호를 전달한다. 뇌간에는 전등의 스위치처럼 의식을 깨우는 망상활성계도 들어 있다.

이 환자의 종양은 자라는 과정에서 이런 미세한 조절작용에 영향을 주었다. 그 결과 벌써 몸의 일부분에 뇌에서 척수로 가는 동작 신호가 전달되지 않았다. 이 환자가 처음 진료실에 걸어 들어왔을 때 그 모습이 마치 술에 취한 사람 같았다. 그는 곧 움직이는 능력이 완전히 망가지고 몸 전체가 축 늘어지게 된다. 휠체어를 타는 것도 불가능할 것이다.

종양은 몇십 년에 걸쳐 외력에 전혀 굴복하지 않고 천천히, 아주 서서히 자랐다. 양성이긴 했지만 계속 자라는 종양이라 수술을 통해 일부를 절제하고 그 후 다시 자라면 방사선 치료를 하고, 또다시 자라면 다시 절제하는 과정이 반복되었다. 종양이 뇌간에 가까이 있었기 때문에 완전히 절제할 수 없었다. 매번 치료가 끝날 때마다 환자는 잠깐 좋아졌지만 이내 증상은 더욱 악화되었다. 종양은 점점 뇌간에 가까워져 수술에서 제거되는 종양 부위는 점점 줄어들었고, 결국 환자의 뇌간은 종양의 손아귀에 들어가게 되었다. 거의 10년 동안 미국 전역에서 외과 의사 두 명이 세 번의 수술을 진행해 종양의 성장세를 저지했다.

이제 로스앤젤레스로 나를 찾아온 이 환자는 진료실에 와서 이렇게 말했다. "제 종양은 다 제거할 수 없어요. 저는 그저 이 적의 부피를 줄이려고 또 한 번 종양 감량 수술을 받으려는 거예요." 환자는 지난 몇 년간에 걸쳐 내부의 적을 알게 되었고, 내게 "종양이 뭘 알겠어요?"라고 말하며 이상하게도 종양을 탓하지 않았다.

이 환자는 그 전까지는 자녀들이 성인이 되어 독립할 때까지 살아야 하기에 수술받기를 원했다. 이제 그는 더 이상 그런 부담이 없었다. 지금은 "그저 자신을 위해 수술을 받고 싶다"라고 말했다. 그는 전에 나이가 지긋한 명의에게 수술을 받았지만, 이제 이분들이 돌아가셨거나 은퇴를 한 상태라 나를 찾아왔다.

그는 내 조언을 구했다. 우리는 수술 위험에 대해 간략하게 얘기를 나누었다. 이번이 첫 번째 모험은 아니었으니까. 나는 끔찍한 뇌졸중이 올 수 있다는 얘기를 했다. 감금증후군은 워낙 드문 일이라 입에 올리지도 않았다. 나는 입 안쪽에서 종양으로 가는 최단 경로로 수술을 진행하겠다고 했다. 이 방법은 좀 위험했지만 이점이 있었다. 입 안은 한 번도 칼을 대지 않은, 전에 수술을 받은 적이 없는 부분이었다. 다른 접근 부위는 이전 수술로 인해 이미 심한 흉터가 있었다. 환자는 동의했고 그래서 나는 이 방법을 택했다.

수술을 시작하기 전 나는 환자의 입을 크게 벌리려고 입 안에 견인기를 집어넣었다. 나는 환자의 오른편 어깨 쪽에 서 있었고, 현미경이 천장에서 내려와 있는 상태에서 목구멍 뒷부분을 수직으로 절개했다. 절개면은 목구멍 뒤 깊은 곳에 있는 뇌간의 섬유질, 즉 숨 쉬고, 구역 반사를 하고, 기침하고 심지어 의식을 깨우는 일을 하는 신비한 신경섬유 다발과 평행을 이루었다. 이 환자에게 완벽한 수술은 종양의 부피를 될 수 있는 한 줄여 환자에게 시간을 벌어주는 것을 의미했다. 수술은 순조롭게 진행될 터였다.

수술 부위인 두개골 기저부는 심장에서 나오는 동맥 네 줄기가 관통하는 곳이었다. 몸 앞쪽에 있는 동맥 두 줄기는 목 양쪽에서 만져지는 경동맥이고, 나머지 두 줄기는 경추를 따라 구불구불 이어져 있는 척추동맥이다. 이 척추동맥은 두개골 안으로 들어가고, 이 안에서 뇌기저동맥이라는 하나의 혈관으로 합쳐진다. 뇌기저동맥은 뇌간에 혈액을 공급한다. 뇌간에는 쓸모없는 조직이 전혀 없다. 아주 작고 미세한 조직도 눈에 띄는 역할을 한다. 대체 및 예비 복구 기능이 많은 대뇌피질과 달리, 뇌간에서는 미세한 조직 하나하나가 모두 중요하다. 아주 가는 머리카락 두께의 지류라도 손상되면 환자는 완전히 불구가 될 수 있다. 먹지도, 자발적으로 호흡을 조절하지도 못하고 의식도 없는 상태가 된다.

내가 수술 중 뇌기저동맥에서 나온 지류를 건드렸을까? 그건 기억이 나지 않는다. 이 지류는 '천공분지'라고 불리는 가느다란 동맥으로, 없으면 안 되지만 아주 약하고 예민한 혈관으로 의사들 사이에서 악명이 높다. 아주 살짝만 건드려도 이 혈관은 경련하며 막히고, 이에 따라 혈액 공급이 중단된다.

　　우리 몸과 뇌에서 특히나 중요한 부분에는 보통 두 줄기 이상의 동맥을 통해 여분의 혈액이 공급된다. 예외적으로 동맥이 한 줄기만 있는 부위가 한 곳 있는데, 이 부위는 우리 존재, 즉 의식을 유지하는 데 기본이 되는 일을 한다. 바로 의식의 전등을 켜거나 끄는 뇌 부위다. 이 '원시 뇌' 부위가 상처를 입으면 그 여파가 즉각적으로 나타난다. 뇌간에 상처를 입으면 답이 없다. 이 부위는 이상하게 생긴 아주 작은 종동맥^{dead-end arteries}에만 의지하며, 이 동맥은 주변에 도움을 받을 혈관이 전혀 없다.

　　의식은 예술과 과학, 유머와 사랑의 원천이 자리하는 뉴런의 덮개, 즉 대뇌피질에서 발화하지 않는다. 태고의 원천인 뇌간에서 의식의 불꽃이 튀어오르지 않는 한 예술, 과학, 유머, 사랑은 전혀 발화할 수 없고, 따라서 그 어떤 것도 생겨나지 않는다. 모나리자와 시스티나 성당(바티칸 시국에 있는 성당으로 미켈란젤로의 천장화로 유명하다―옮긴이)도 이 세상에 존재하지 않을 것이다.

잠수종과 나비

수술이 끝난 후 나는 이 환자가 혼수상태에 있다고 생각했다. 기본적인 뇌 스캔을 빠르게 진행했지만, 이런 상태가 왜 일어났는지 원인을 파악할 조직 손상이 전혀 보이지 않았다. 그런데 환자의 눈에 밝은 빛을 비추니 동공이 급히 닫혔다. 그때 내 마음속에 생각 하나가 떠올랐고, 아마 이 환자도 같은 생각을 했을 것이다. 뇌전도 검사를 지시하고 결과를 살펴보니 깨어 있는 사람의 뇌파가 나타났다. 스트레스를 받은 사람의 급속 발화된 감마파가 아니라 침착한 상태에 있는 사람의 알파파였다.

뇌간에서 아래쪽과 위쪽의 신호를 전달하는 신경섬유는 서로 섞이지 않고, 마치 고속도로의 양쪽 반대 차선처럼 별개로 작동한다. 그런데 수술 시 입은 손상으로 환자의 입부터 그 아래로 향하는 거의 모든 차선이 그 기능을 잃었다. 하행 차선 중 유일하게 제 기능을 하는 차선은 손상된 부위 위쪽이었다. 이 차선은 눈동자 쪽으로 나갔다. 상행 차선은 대부분 피해를 입지 않았는데, 이는 곧 환자가 고통은 느낄 수 있지만 표현을 할 수 없다는 것을 의미했다. 이 환자에게는 눈으로 보고 깜박거리는 기능만 남았다. 그게 다였다. 다른 부위는 전혀 움직이지 않았다. 시각과 청각은 환자가 세상에 접근하는 수단이자, 환자의 내면세계에 의료진이 접근할 수 있는 유일한 방법이었다.

알렉상드르 뒤마^{Alexander Dumas}는 그의 작품《몽테크리스토 백작》에서 감금증후군 환자의 시선을 "밤에 사막 건너편 멀리 보이는 촛불의 희미한 반짝임" 같다고 묘사한다. 이 사람의 눈에 집중하면서 뒤마는 뒤에 이렇게 덧붙인다.

> 예전에는 그의 모든 활동, 솜씨, 힘, 지력이 몸 전체에 분산되었다. 그리고 지금은, 팔의 움직임과 목소리와 몸의 민첩성은 없어졌다. 하지만 그의 눈짓만으로 이 모든 것은 충분히 표현되었다.

우리는 이 환자와 소통하려고 재빨리 고문팀을 소집했고, 카드에 글자를 적어 시각으로 소통할 도구를 마련했다. 우리가 손가락으로 글자를 가리키자, 환자는 본인이 원하는 글자가 나왔을 때 눈을 깜박였다. 그것도 두 번. 깜박 깜박. 나는 이 환자가 눈을 두 번 깜박이는 것은 우연한 깜박임이 아님을 알려주는 소통 방식이라고 주장했다. 한 번의 깜박임은 반사작용일 수 있다.

환자는 우리가 알파벳을 가리키는 데에 따라 눈을 깜박였다. 그의 눈은 본인의 의식을 알려주는 작은 창이었다. 그는 마치 집

안에 갇혀 오직 블라인드 조절을 통해서만 소통할 수 있는 사람 같았다. 그는 지면 깊숙이 탄광에 묻혀 살려달라며 신호를 보내는 광부였다.

자아가 갇혀 마음속에만 머물게 되면, 다시 말해 자아가 의식을 허락하는 가장 작은 구역에 속박되어 그 안에 끼게 되면 자아 관념에 어떤 일이 벌어질까? 프랑스 언론인 장도미니크 보비^{Jean-Dominique Bauby}는 큰 부상을 입고 노르망디 근처 해안의 병원에서 깨어났지만 감금증후군 진단을 받게 된다. 당시 그의 나이 43세. 그는 자신의 상태를 잠수종(잠수부를 수면에서 해저로 이동시키는 잠수 기구—옮긴이)에 갇혀 있는 것으로 비유했다. 그는 한 글자, 한 글자 눈으로 글을 써서 《잠수종과 나비》라는 책을 완성했다. 여기서 나비는 그의 마음이다. 그는 나비에게 날개를 펼쳐 그를 새장에서 꺼내줄 능력이 있다고 말한다. 뉴런이 서로 소통하지만 절대 물리적으로 접촉하지 않는다는 현상을 밝힌 신경생리학자 카할 역시 마음을 나비에 비유했다.

> 화려한 색채의 나비를 찾는 곤충학자처럼, 나는 여리고 우아한 형태를 띠는 회백질의 뉴런 세포가 모여 있는 정원을 탐색했다. 세포들은 영혼의 신비로운 나비다. 언젠가 이들의 날갯짓으로 마음의

비밀을 알게 될 날이 올지도 모른다.

보비는 감금증후군을 처음으로 직접 표현한 사람으로, 자신을 다른 시간, 다른 곳으로 데려가줄 나비의 능력이 제한적이라고 밝힌다.

나는 사라져가고 있다. 서서히, 하지만 분명히. 해안에 있던 자기 집이 점점 사라지는 모습을 지켜보는 선원처럼, 나는 내 과거가 점점 뒤로 물러나는 모습을 지켜본다. 내가 예전에 누렸던 삶은 내 안에서 여전히 타오르고 있지만, 이제 많은 부분이 기억의 재로 변해버렸다.

만성 감금증후군 환자를 외부에서 그저 지켜보는 사람들의 눈에는 환자에게 살아갈 희망이 전혀 없는 것처럼 보일 수 있다. 하지만 일반적으로 환자 자신은 그렇게 생각하지 않는다. 어떤 사람들은 '내적' 경험에서 의미, 즉 행복의 의미를 찾는다. 사실 이들은 자신의 삶의 질을 비슷한 연배의 건강한 사람들과 동일한 수준으로 평가한다. 이런 사실은 다른 사람들, 특히 이들을 돌보는 간병인에게 놀라움을 선사한다. 이들 간병인은 감금증후군 환자의 삶의 질이 환자 본인 생각보다 훨씬 낮다고 생각한다.

보비는 감금증후군이라는 가슴 아픈 신체적 구속에 위축되지 않고 여전히 삶에서 즐거움을 찾았다. 그는 친구가 병원으로 보내온 편지를 언급하며 다음과 같이 본인의 일상을 묘사한다.

> 해 질 녘에 꺾이는 장미, 비 오는 일요일의 느긋함, 울다 지쳐 잠드는 어린아이. 이 순간, 삶의 이 작은 조각, 이 행복의 잔바람을 만끽하면서 나는 다른 사람보다 삶의 더 깊숙한 곳으로 파고든다. (…) 나는 이 모든 편지를 보물처럼 모아둔다. 어느 날 이 편지를 우정의 영광을 알리는 현수막처럼 바람에 날릴 수 있기를 희망해본다. 독수리가 날아오지 못하도록.

영혼을 놓아달라는 부탁

내 환자는 수술 전 모든 법적 서류에 서명을 한 상태였다. 마치 아주 간단한 시술을 받는 사람이 심각한 부상이나 사망의 가능성을 인정하는 것처럼 그는 수술 중 발생할 수 있는 많은 위험을 인정했다. 심지어 지진 같은 불가항력의 천재지변도 이런 위험에 해당한다. 환자 대부분은 서명하기 전 서류를 제대로 읽어보지 않는다. 하지만 많은 환자들과 달리 이 환자는 수술의 위험성을 신랄하리만치 잘 알았다. 본인이 벼랑 끝을 따라 아슬아슬하게 걷고 있다는 것을 알고 있었다.

이제 이 환자는 자기 몸을 전혀 통제하지 못했지만 본인의 의향을 눈 깜박임으로 표현할 수는 있었다. 우리는 인공호흡기를 낄 수 있는 요양원으로 환자를 옮기자고 얘기하면서, 환자가 어디에 사는지, 집 근처에서 가까운 요양원이 어디인지 논의했다. 하지만 이 환자에게는 여전히 본인의 의지가 있었다. 암 환자 제인이 자신의 여생을 설계한 것처럼 이 환자에게는 여생을 본인 스스로 좌우할 통제력이 여전히 있었다. 환자는 통제력으로 자기 생의 의미를 끄집어낼 수 있었다.

돌연 이 환자는 '기증'이라는 의사를 표현했고, 당황한 나는 무엇을 기증할지 물어보았다. 그는 '심장'이라고 밝히고 이어서 '폐'라는 철자도 표시했다. 의심의 여지를 남기지 않으려고 환자는 한 단어 한 단어 확실히 표현했다. "기증", "장기", "장기 기증자가 되고 싶어요."

대부분의 장기 '적출' 대상자들은 대부분 비극적인 결말 전에 스스로 기증 의사를 알리거나, 뇌사 상태가 되어 회복의 여지가 거의 없다는 판단이 들 때 이들의 친지가 기증을 결정한다. 눈을 깜박여서 장기를 기증하겠다는 의지를 표현한 것은 임상에서 한 번도 없던 일이었다.

환자가 본인의 장기를 기증하겠다는 의사를 똑똑히 표시하자 중환자실 전 의료진은 눈앞에서 벌어지고 있는 일, 참혹한 상황 가운데에서 삶의 목적과 의미를 찾겠다는 그의 의지에 감동받아 할 말을 잃었다. 나는 거의 10년 전에 만난 에드워드의 어머니를 떠올렸다. 비극 속의 의미. 고통 속의 목적.

우리는 그 일이 먼 미래에 벌어지리라 생각했지만, 환자가 장기 기증을 하고 싶다는 의사를 밝힌 그다음 날 예상은 빗나갔다. 그는 나를 상상도 못 한 상황으로 끌고 갔다. 우리는 질문을 다시 시작했다. 이름이 뭐죠? 지금 몇 년도인가요? 어느 도시에 살고 계시죠? 질문하고 답하는 과정은 시간이 많이 걸렸다. 깜박 깜박…… 잠시 멈춤…… 깜박 깜박…… 잠시 멈춤…… 깜박 깜박. 안와에 박힌 눈동자는 움직이지 않았다. 눈동자는 눈꺼풀을 깜박이는 데 사용되는 신경과는 다른 뇌신경에 좌우되기 때문이다.

장기 기증 의사를 반복해서 밝힌 후, 환자는 치료를 그만 받기를 원했다. 이런 결정은 보통 환자 본인이 아닌 가까운 가족 구성원이 하는 일이다. "우리가 인공호흡 장치를 떼어내기를 원합니까?" "네." "인공호흡기를 계속 유지하고 싶으세요?" "아니오." "호흡기를 떼어내면 당신이 살까요, 아니면 사망할까요?" "호흡기를 유지하면 살까요, 사망할까요?" "죽음이 두려우세요?" "아니면 죽어가는 게 두렵나요?" 근육의 수축이 전혀 없는 멍한 얼굴에도 환자의 눈은 정말 평온해 보여서, 마치 그게 자신의 권리이자 삶이고, 그가 새장에서 벗어날 기회임을 내가 마침내 깨닫기를 기다리는 듯했다. 마지막 질문으로 우리는 "무엇이 두려운가요?"라고 물었다. 환자는 "사는 것"이라고 답했다.

미국에서 안락사는 불법이지만, 환자는 어떤 상황에서 치료를 중단해야 하는지를 상세히 기록한 문서에 서명할 권리가 있다. 이 권리는 우리 모두에게 있지만, 이는 '생명 유지' 장치를 착용하기 전에 행사해야 한다. 병원에서 의식이 없는 환자에게 이 의향서의 내용을 시행하기도 하는데, 이런 건 엄밀히 말해 환자 본인의 의향은 아니다.

옳은 일을 하고 있다는 느낌이 들었기 때문에 그 전날 밤 숙면을 했다. 환자가 무엇을 원하는지에 대해 한 치의 의심도 없었다. 그가 원하는 것은 내 자아와, 또 이 세상에서 내 삶의 목적의식과 충돌을 일으키지 않았다. 우리는 구원받을 수 없는 막다른 지점까지 다다랐고 더 이상 할 수 있는 게 없었으므로 실패했다는 생각이 들지 않았다. 그래도 그날 아침 일어났을 때는 심한 불안감으로 인한 이상한 떨림이 있었다. 더 이상 어떤 것도 확신할 수 없었다. 시간은 일요일 정오로 잡았다. 주중 병원이 바쁜 시간에 이 일을 치르고 싶지가 않았다.

그 전날, 나는 환자와 단독으로 다시 대화를 나눴다. "미안해요"라는 내 사과에 그는 "왜요"라고 답했다. 구식 타자기를 이용해 한 번에 한 키씩 누르는 속도로 1시간 동안 대화를 하며 우리는 소통했다. 형언할 수 없는 대화였다. 눈 깜박임을 이용한 수화, 내 손가락은 글자 위를 누비며 왼쪽에서 오른쪽으로 보드를 어루만졌다. 그가 눈을 깜박이기를 기다리며 그다음 글자를 예상하고 자동 수정을 시작한다. 'T-H'까지 나오면 다음에 나올 선택지가 줄어들지만 정확히 알 수는 없다. they(그들)인지, them(그 사람들을)인지, thank you(감사해요)인지.

환자는 그런 복잡한 수술을 나에게 부탁해서 미안하다고 사과했다. 마치 내가 슬픔을 정리하고, 자신의 결단을 이해해주기를 기다린다는 듯했다. 그는 몇 년간 자신의 가장 기본적인 생명의 기능에 가해졌던, 느리지만 가혹한 위협을 견디며 살아왔다. 어쩌면 셀 수 없을 정도로 많은 슬픔의 단계를 다 겪었을지도 모른다. 그는 눈을 깜박이면서 이건 가라앉는 배에서 보내는 필사적인 모스부호와는 완전히 다른 신호라는 것을, 영혼을 살려달라는 것이 아닌 영혼을 놓아달라는 신호임을 분명히 밝혔다. 우리 대화는 내가 그전까지, 또 그 후로 경험했던 것과는 전혀 달랐다. 천천히 의사를 주고받으며 이상하게도 평온함이 느껴졌다. 각 글자를 가리키며 그의 깜박이는 반응을 기다리려면 서두르지 말고 그의 속도에 맞추어야 했다. 이 경험을 하면서 명상을 하는 기분이 들었다.

그가 세상을 떠나기로 선택한 날, 나는 지난 몇 주간과 비교해 복장이나 외양 면에서 달라보이지 않으려고 의식적으로 노력했다. 나는 흰색 의사 가운을 좀처럼 입지 않지만 그날은 가운을 입을까 생각했다. 하지만 그렇게 하면 일상적인 내 모습에서 벗어나는 것이라고 판단했다. 흰 가운을 입으면 환자에게 불안감을 조성할지도 모른다. 내가 이날을 일상과 동떨어진 순간으로 대한다는 생각을 그에게 들키고 싶지 않았다. 내가 이 일을 재고하고 있다는 느낌을 주고 싶지 않았다. 하지만 사실 나는 그랬다. 이건 간단히 말해 의사가 도와주는 자살이었다. 그 전까지 치료를 중단했던 몇백 건 이상의 경우와는 완전히 달랐다. 그때는 매번 환자가 사전에 써놓은 지침이나 가족의 요청에 근거해서 조처했다.

하지만 이번은 의식이 완벽한 환자가 내게 밧줄을 끊어달라고 요청하고 있었다.

이 환자를 보내주는 준비 작업에는 간호사들도 동참했다. 나는 큰 관과 카테터를 잘 정리하고 떼어내서 가족이 마지막 작별 인사를 할 때 그가 되도록 온전하게 보일 수 있도록 하고, 이후 마지막 순간에 중요한 관 하나를 환자에게서 제거할 예정이었다. 이런 관은 환자가 살아 있거나 살려고 사투를 벌일 때는 생명을 이어줄 낙하산처럼 보이지만, 환자가 삶에 항복하면 실패의 잔해로 보이는 이물질에 불과하다. 임종을 앞둔 환자에게는 대개 모르핀을 투여하는데, 이 약물은 환자가 죽음으로 향하는 나들목에 다다랐음을 뜻한다. 모르핀 투여는 '이제는 돌이킬 수 없다'는 의료진의 간접적 선언이다. 의료진은 고통 때문에 모르핀 용량을 높인다고 차트에 적지만, 모르핀을 투여하면 호흡이 느려지고 얕아져 결국 환자가 더 빨리, 더 조용히 이 생을 뜬다는 것을 모두들 알고 있다. 하지만 내 환자는 모르핀을 거부했다.

그는 천장만 바라보는 걸 지겨워했다. 그는 계속 같은 것만 보아왔기 때문에 약간 몸을 높여 앉아 있는 자세를 취하고 싶어 했다. 우리는 환자 팔 밑으로 끈을 연결해 몸을 고정하고 작은 베개를 목 양쪽에 끼워 머리를 똑바로 세웠다. 이제 환자는 고정된 자세로 앞을 볼 수 있게 되었다.

나는 환자 침대 왼쪽에서 알파벳 판을 그의 바로 앞에 들고 손가락으로 납작한 글자를 이리저리 가리켰다. 꼭 두 눈을 뜬 채 점자를 읽는 사람이 된 것 같았다. 병실에 있던 다른 사람들은 침착한 분위기를 만들어주려고 제각각 할 수 있는 일을 했다. 나는 글자를 더듬으며 마지막으로 질문을 던졌다. "우리가 호흡기를 떼기를 원하십니까?" "네." "호흡기의 도움을 계속 받고 싶으세요?" "아니오."

이 대화가 내 뇌의 어느 부분에 닿았는지는 모르겠다. 점자법은 손가락의 감각을 시각장애인의 망가진 시각 영역에 전달한다. 이 시각적 인식이 내 뇌의 감각 부위, 손가락, 내 환자를 이 지경에 처하게 만든 내 손에 강한 떨림을 전달했을까? 불안하고 두려운 마음이 든 이유가 이 시각적 인식이 나의 뇌섬엽에 전기로 떨림을 전달해서였을까?

발관은 오른쪽과 왼쪽 두 갈래로 갈라지는 기관지 바로 위, 즉 폐에 삽입된 두꺼운 플라스틱 관을 제거하는 작업이다. 플라스틱이 기관지를 건드리면서 목구멍 뒤에서 기침과 구역 반사가 일어나지만, 내 환자의 경우는 발관을 한다고 기침이 날 수는 없었다. 하지만 관을 제거하면 환자 눈에서 눈물이 나올 것이다. 돌이켜보니 그 눈물을 모아서 실험실로 보냈다면 고통과 고립, 슬픔을 알아볼 수 있었을까 싶다. 이제 환자가 죽음으로 향하는 문이 활짝 열릴 터다.

내 환자의 눈은 모든 준비가 다 된 듯 침착해 보였다. 공포는 전혀 없었다. 내가 보기에 공포는 전혀 아니었다. 보통 환자와 그 가족들이 위기의 순간에 보이는 심란한 눈빛을 그는 짓지 않았다. 눈에 공포를 머금은 사람은 바로 나였다. 나는 떨렸다. 이제까지 다른 환자에게 작별 인사를 하던 때와는 달랐다. 그의 감정이 어떤지 알고 싶었다. 그래야 내가 어떤 감정을 느껴도 되는지 알 수 있을 테니까.

그의 몸은 거부 반응을 일으키지 않을 것이다. 기침과 구역 반사가 없다는 것은 진정제를 그만 투여해도 된다는 의미였다. 그렇게 해야 했고, 그도 그렇게 하기를 원했다. 이건 그가 진정한 자아를 확립하는 데 있어 아주 중요한 문제였다.

떠나는 순간, 그는 눈을 두 번 연속해서 깜박였다. 나를 안심시키려는 듯, 눈을 한 번만 깜박이지 않았다. 그리고 이후 그의 눈은 전혀 깜박이지 않았다.

그 순간, 나는 내 환자와 인간애를 공유했고, 앞으로 배울 게 정말 많다는 생각을 했다. 삶과 내 자신에 대해서. 내가 그동안 어떤 사람이었는지 그리고 앞으로 어떻게 살아갈지에 대해서. 삶, 상실에 관한 교훈과 생존의 법칙은 어디에나 존재한다. 우리 뇌 속의 세포 하나하나에도, 우리 마음속에도, 내 환자에게도, 수술실에서도, 내가 진료할 때도 존재하며, 이들은 생과 사, 희망과 무기력함의 경계 속에서 작동한다. 삶의 벼랑 끝과 깊은 골짜기에서는 삶의 높이도 드러난다. 어떤 비극이나 승리도 영원하지 않다. 우리 뇌는 매일 성장하며 새롭게 태어나고, 노력만 한다면 마음도 성장하며 새롭게 태어날 수 있다.

뇌세포는 생존을 위한 규칙을 갖추었을 뿐만 아니라, 마치 우리가 더 큰 무언가의 일부가 되어야 한다는 것처럼 뇌의 구성 요소들을 끌어당기는 신비한 힘을 품고 있다. 이를 따라 뇌세포는 독특한 세포 유형으로 합쳐지며 발달한다. 각 뉴런은 이웃 뉴런뿐만 아니라 뉴런의 방대한 총체로 뻗어나가며, 이 뉴런들이 가지가 몇조 개나 겹겹이 쌓인 숲을 만들고, 복잡성·친밀성·가능성을 선호하는 뇌의 설계를 따라 뇌파의 교향곡을 만들어낸다.

우리의 마음 역시 우리를 생존하는 방향으로 밀어준다. 우리는 삶에 대처하려고 일관된 자아감을 가지도록 노력하고 인지와 정서의 균형을 꾀하는데, 이 모두가 위협과 트라우마, 압박, 성과, 상실에 잘 대처하도록 이끌어준다. 견디고 극복한 고난은 다음에 올 고난을 이겨낼 수 있도록 도와주는 예방주사와 같다. 생각하고 스스로 돌보는 습관을 기르고 사고를 단련하면 감정에 끌려가지 않고, 오히려 감정을 이용할 수 있게 된다. 감정 조절은 감정의 결핍을 만드는 것이 아니라, 감정을 가장 좋고 풍성한 상태로 만드는 것이다. 이런 깨달음을 통해 감정이 일어나는 육신의 본성을 조절할 수 있고, 이에 따라 우리는 몸의 생명 활동에 뿌리를 내리고 있지만 그에 구속된 것은 아님을 이해하게 된다.

환자는 저마다의 생존 방식이 있다. 모든 환자가 질병에 잘 대처하는 것은 아니지만, 어떤 사람은 초월적인 수준으로 마음의 본질에 접근해 힘든 상황에서도 성장으로 인생을 마무리하며 승리를 거둔다. 이런 사람들에게 병의 진단은 삶을 구속하는 방해물이 아니었다. 이들은 죽음 또는 죽어간다는 사실에 눈이 머는 대신, 진정한 삶의 우선순위를 발견하고 오랫동안 인생에 방해가 되었던 부차적인 것들은 옆으로 제친다. 새로운 시각으로 자신을 볼 수 있는 능력은 서서히 생기든 깨달음으로 찾아오든 가장 중요한 변화다.

수술실에는 나만의 생존 규칙이 있다. 훌륭한 수술 솜씨나 획기적인 수술 방법이 중요한 게 아니라, 환자가 깨어났을 때 이들이 누릴 삶이 중요하다는 것을 깨닫고 나는 수술 솜씨를 펴는 일을 만끽하게 되었다. 최선을 다한다는 것은 그 순간의 감정을 알고 이 감정을 잘 조절하면서, 두려움을 헤치고 몰입의 상태로 들어가는 것이다. 수술실에서 진정한 실력을 펼친다는 것은 나에게 진실한 방식으로 실력을 발휘하는 것이다.

나는 지금까지 살아가면서 많은 깨달음을 얻었다. 대부분 내 환자에게서 얻은 교훈이다. 이들은 내게 내적인 삶의 진화는 일관되고 꾸준한 과정이 아니라, 잃기도 균형을 유지하기도 하면서 수시로 변하는, 그래서 취약성과 회복탄력성이 모두 드러나는 과정임을 알려주었다. 이런 내적 성찰과 상상 덕분에 우리의 자아는 선대에서 받은 생물학적 기원뿐만 아니라, 자신이 정한 방향에 의해서도 결정된다.

나는 환자가 감사 인사를 보내면, 어리둥절하며 '뭐가 감사하지?'라고 혼자 의아해한다. 그들의 가장 치열하고 가장 개인적인 순간에 개입할 수 있도록 관대하게 허락해준 환자들에게, 그들의 시련을 보고 배울 수 있도록 허락해준 환자들에게 나야말로 감사해야 하는데 말이다. 이들은 시련에 맞서며 비극적인 앞날을 무력하게 기다리지 않았다. 이런 태도의 목표는 고난의 상황에서 침착함을 유지하는 것만이 아니다. 기쁨을 음미하고 어려운 시기를 헤쳐나갈 수 있는 과정을 창조하는 것이다.

나는 나를 믿어준 환자들에게, 나에게 가르침을 준 환자들에게 감사를 표한다. 아주 오랫동안 나는 내가 환자들의 인생을 지켜보는 관객이라고 생각했다. 하지만 나는 이들의 여정에 감동을 받고 교훈을 얻었다. 그리고 새로 태어났다.

감사의 말

베네치아 버터필드는 내게 이 책을 쓸 기회를 주었고 내게 더 많은 역량이 있다고 믿었다. 그는 내 인생의 궤적을 바꿔준 사람이다. 그에게 감사 이상의 마음을 느낀다. 그동안의 과정이 즐겁기도 했다.

멜 버거는 내게 출판의 생태계를 알려주었고, 에이전트라기보다는 멘토 역할을 해주었다. 피오나 베어드는 중간에서 펭귄랜덤하우스와 소통할 수 있게 도와주었다.

리디아 야디는 이 프로젝트에 동참하여 내게 동기를 불어넣어주고 글에 예리함을 더해주었다. 그와 함께 일하는 것은 즐거웠다. 에이미 맥월터스는 신중한 피드백을 던져주었고, 세라 데이는 이 책의 수준을 한층 높여주었다.

줄리아 머데이는 에마 피니건과 함께 내 첫 책을 홍보할 수 있도록 훌륭한 캠페인을 이끌어주었다. 이번 책으로도 함께 일할 수 있기를 고대한다.

데이비드 마틴은 이 책을 쓰는 동안 공동저자 이상의 역할을 소화했다. 그의 지성과 친절은 2020년 병원에서 일하는 동안 내게 위로가 되었다.

그리고 무엇보다 이제까지 생을 함께 하며 내 삶을 풍요롭게 해주신 부모님께 감사를 드린다. 부모님은 살려고 발버둥치는 상황에서도 내게 품위와 용기와 진정한 지혜를 가르쳐주셨고, 삶과 상실과 생존에 대해 다르게 생각하도록 이끌어주셨다.

옮긴이 정지호

한국외국어대학교에서 일본어와 영어를 전공하고 성균관대 번역대학원에서 문학(번역학) 석사 학위를 받았다. 대학을 졸업하고 영상 및 기술 등 다양한 분야에서 번역 일을 하며 경험을 쌓았다. 책이 좋아 출판 번역의 길로 들어섰다. 옮긴 책으로는 《마지막 끈을 놓기 전에》, 《괴롭힘은 어떻게 뇌를 망가뜨리는가》, 《트라우마는 어떻게 삶을 파고드는가》, 《세계사를 바꾼 위대한 식물 상자》, 《은밀하고도 달콤한 성차별》, 《루틴의 힘》, 《부두에서 일하며 사색하며》, 《시작과 변화를 바라보며》, 《우리 시대를 살아가기》, 《인간의 조건》 등이 있다.

칼날 위의 삶

첫판 1쇄 펴낸날 2024년 1월 30일

지은이 라훌 잔디얼
옮긴이 정지호
발행인 김혜경
편집인 김수진
책임편집 전하연
편집기획 김교석 조한나 유승연 문해림 김유진 곽세라 박혜인 조정현
디자인 한승연 성윤정
경영지원국 안정숙
마케팅 문창운 백윤진 박희원
회계 임옥희 양여진 김주연

펴낸곳 (주)도서출판 푸른숲
출판등록 2003년 12월 17일 제2003-000032호
주소 서울특별시 마포구 토정로 35-1 2층, 우편번호 04083
전화 02)6392-7871, 2(마케팅부), 02)6392-7873(편집부)
팩스 02)6392-7875　　홈페이지 www.prunsoop.co.kr
페이스북 www.facebook.com/simsimpress　　인스타그램 @simsimbooks

ⓒ 푸른숲, 2024
ISBN 979-5675-452-7(03180)

심심은 (주)도서출판 푸른숲의 인문·심리 브랜드입니다.

◦ 이 책은 저작권법에 의해 한국 내에서 보호를 받는 저작물이므로 무단전재와 복제를 금합니다. 이 책 내용의 전부 또는 일부를 사용하려면 반드시 저작권자와 (주)도서출판 푸른숲의 동의를 받아야 합니다.
◦ 잘못된 책은 구입하신 서점에서 바꾸어 드립니다.
◦ 본서의 반품 기한은 2029년 1월 31일까지입니다.